勢古浩爾

人生の正解

GS
幻冬舎

JN196109

まえがき

問い「徳川綱吉が広めたこの伝統行事は何？」（パネルの浮世絵が少しずつ開いていく）
漫才コンビ・ロザンの宇治原史規が答える。「七五三！」
アナウンサー「正解！」（テレビ朝日「Qさま!!」）

この「正解！」は気持ちがいい。まぎれがない。

このような意味での正解は、人生にはない。人生に唯一の正解はない。あるいは、唯一の「正解」な人生などない、というのは、多くの人が思うことであろう。そもそも、正解な人生などあるのか。だいたい、わたしの人生は正解か不正解か、なんてことを考えて生きている人間がどれほどいるだろう。そんなことを考えたこともないわ、という人がほとんどであろう。人生なんて、良くも悪くも人それぞれではないか。

わたしもおなじである。七十一歳のいまに至るまで、自分の人生の良し悪しなど考えたこともない。まして「正解」か否か、など。ただ、わたしはこのように生き、このように生きるほかはなかっただけである。だが、「正解」な人生を「まっとう」な人生と読み替えるなら、はたしてわたしの人生はまっとうだったのか、と問うことはできる。すると真っ先に、恥多き行為、恥多き言葉の数々が思い出される（それほどでもないけどね）。もう、それはいい。取り返しがつかないことだ。太い幹としての人生はどうだったのか。

人は年を取るにつれ、なにかの節目ごとに、後悔とともに過去を振り返ることが多くなる。たとえば、「仕事は合っていたのか？」「結婚相手は間違えていなかったか？」「あそこで妥協しなければよかったのでは？」「この生き方で正しかったのか？」「あとは老いと死を待つだけでいいのか？」「自分はどこかで人生を間違えたのではないか？」。ようするに「自分の人生は正解（まっとう）だったのか？」というように。

人生に正解はない、どのように生きようとその人の自由だ、と考えるなら、どんな人生でも許されることになる。一回かぎりの人生だ、思い切り楽しまなければ損だ、他人はどうなっても知らない、という損得計算の人生も、人生は弱肉強食だ、結局は強い人間や金をもった人間が勝つのだ、という倨傲《きよごう》な人生も許されることになる。逆に、自分なんかだめだ、なにもできないし、なにもする気がない、という甘えた人生をも許容することになる。もちろん、他人の自由や権利を侵害しないかぎり、どんな人生も許される。

となると、自分はどのような人生をよしとするのか、ということである。つまり、どんな人生が好きで、どんな人生が嫌いか、ということだ。根拠は好き嫌いである。「正解」とかなんとかいうから混乱するが、好き嫌いならだれにでもあるだろう。ああいう汚い生き方は好きじゃないな、とか、この人の生き方はすごいな、というように。

まっとうな人生を送ろうとするなら、なんらかの信条や自戒をもつことが必要だと思われる。枠がないと締まらないし、にがりがないと豆腐が固まらないように。たとえば福沢諭吉の「喜怒色に顕《あら》わさず」や「血に交わりて赤くならぬ」である（『福翁自伝』講談社学術文庫、二〇一〇）。そのことで昨年、ハッとさせられた言葉がある。思わず書き留めた。

スピードスケートの小平奈緒選手は、二〇一八年二月に韓国の冬季オリンピックの五百メートルで金メダルを獲得した。レース後、海外の記者に自分を表す三つの言葉を訊かれ、彼女は「求道心」「情熱」「真摯《しんし》」と答えたのである。すごい。いまの世に、揶揄《やゆ》されることも恐れず、正面から「求道心」「情熱」「真摯」といい切った。宮本武蔵か。どのようにしても、まともにならざるをえない人生である。

小平選手はまたガンジーのこの言葉が好きだともいっていた。「永遠に生きるかのように学べ　明日死ぬかのように生きろ」

小平奈緒選手のように、みんながみんな栄光を摑むことができるわけではない。金メダルを取ることはもちろん素晴らしいことだが、「求道心」「情熱」「真摯」という姿勢が負けず劣らず素晴らしいのである。そして、そのようなことなら、べつに金メダルを目指してはいないわたしたちも、心のもち方次第でできるのではないか。

いつの時代でも、どんな社会でも、無名で目立たず、裕福でなく、地道で生まじめな人が多数である。そういう人にとって、まっとうな人生の条件とは「誠実」「力を尽くす」「負けない」の三つだとわたしは考える。人生は思い通りにはならない。しかし、人に誠実に対処し、仕事に力を尽くし、何事にも負けなければ、だれはばかることのないまっとうな人生であると思う。

人生の正解／目次

第三章　人生に無数の正解はある

第四章 まっとうな人生を阻害する社会 113

第七章 生まれ変わっても、また自分になりたいか？ 219

DTP　美創

第一章

人生に唯一絶対の正解はない

人が人生を振り返るとき

人は自分の人生を振り返ることはあるのだろうか。あるとすれば、いつ、どんなときに？　たとえばそれは、残り少ない時間を自覚した人生の黄昏《たそがれ》どきなのか。あるいは、不意の大病にかかり、なんでこのおれが、と虚しくなるときか。もしかしたら、家族のために頑張ってきたのに家族がバラバラになってしまった、というようなとき？

また、仕事仕事で疲れ果てたときや、信頼していた人間に裏切られて、徒労感や不如意感に襲われるときかもしれない。つまり、日々の暮らしのなかでなんらかの不全感を覚えるとき、人は自分の人生を振り返ることがあるといっていいが、いずれにしても、それは一定の年代に達した人にかぎられるだろう。

おおざっぱに「若い人」といってしまうが（二十代あたりまで）、若い人に人生の振り返りが生じるとは考えにくいことだ。なにしろ、人生はまだ始まったばかりだし、前途は洋々、と思っているかもしれない。「仕方のないことですな、と正次郎は自らの思いに頷いた。私は若く、明日に向かって生きているのですからな」（長谷川卓『戻り舟同心　更待月』（祥伝社文庫、二〇一七／二ツ森正次郎とは食い意地の張った、まだあどけない十八歳の下級同心。毎日ひとりで昼食を摂っている母親に同情し、殊勝にも、たまには一緒に食事をするか、と思うが、仲間たちの鍋にひかれて、思いとどまる場面)。

若い人は、来し方を振り返るどころか、これから先のことのほうがはるかに重要だ。老人でさえ、この先どうなるかと考えることは考える。若い人の前途は決して洋々ではないが、それでも老人の、末広がりならぬ末すぼまりよりははるかにましである。老人はこれからの老後を考えるが、それは人生の振り返りと裏腹である。総括めいた結論や諦念、今後の終《しま》い方や納め方のことで、どっちにしても景気の悪い話である。

わたしたち団塊の世代にとって、手ごたえのある人生は学校を出たところから始まった。現在は社会環境がまったく変わってしまった。昔とちがって、社会の諸々の波が中学校あたりまで降りていて、人生が早く始まるように思われる。大人と子どもの境界が曖昧になり、いまの若い人は意外とつらいかもしれない。

社会に出た若い人にとっても、「こんなアホの友人でいいのか」「(付き合う人は）この人でいいのか？」「こんな会社（仕事）でいいのか？」「こんな暮らしでいいのか？」「これからの自分の人生はどうなるのか？」という疑問や煩悶《はんもん》なら、当然ありうるが、それでも「自分の人生はなんだったのか？」はありそうもない。

だれもあなたの人生には興味がない

ということで、ここで初老の男に登場してもらおう。といっても小説のなかの人物である。池井戸潤の『花咲舞が黙ってない』(中公文庫、二〇一七)のなかに、こういう場面がある。出勤してきた花咲舞の上司、芝崎がしょぼくれて元気がない。

よろよろと自席に辿り着くや、芝崎は、どすんと小太りの体を椅子に投げて肩を落とした。「いったい、私の人生ってなんだったのかねえ」

「朝っぱらからどうしたんですか、藪《やぶ》から棒に」舞が目を丸くする。

定年までにもう何年もない芝崎は、「たそがれ研修」といわれるシニア管理職研修に出ていたのである。銀行を辞めたあとの第二の人生のための研修で、講師から、趣味はあるのか、友人はいるのか、などと訊かれ、そのときはじめてかれらは気づくのである。親しい友人などいないことを。「これからの人生は、自分で切り拓《ひら》かないといけないそうだ(略)。銀行に奉職して数十年。趣味もなく、家庭も振り返らず仕事一筋でがむしゃらに働いてきた人生がいかに不毛な結末を迎えようとしているのか、を」

　定年という会社のしきたりによって、これまでの努力や功績や忠誠心が無視されて、一切が水泡に帰すという徒労感のようなものに襲われる、といっていいだろう。けれど、定年で無用もの扱いされるなど、あたりまえのことである。それに「これからの人生は、自分で切り拓かないといけないそうだ」どころではなく、それまでだって自分の人生は自分で切り拓くのがあたりまえだったのである。それがいつの間にか、安定的な位置を確保するとつい会社に依存し、会社から守られて安住していたのである。

　だがいつでも強いのは現在である。過去の人はもう用済みなのだ。人は死ねば、父母のことでさえ忘れてしまうのである。あんなに健康だったのに、あんなに功績を挙げたのに、あんなに誠実に尽くしたはずなのに、と思っても、虚しい。それはもう済んだことなのだ。玉置宏の名調子で、呼べど戻らぬ古《いにしえ》の郷愁である。

　だれが定年後の人生まで面倒を見てくれるものか。それにしても、まあこれは小説だからいいのだが、実際に「いったい、私の人生ってなんだったのかねえ」などと真剣に考える人はいるのか。いたとしても、公言する人はいるのか。人は強がり、自分の弱みは見せたがらないものである。それに、人はなにもいってはくれない。人は自分の人生で手一杯なのだ。

自分の人生を否定したくない

「いったい、私の人生ってなんだったのかねえ」は、通常、その先へは進まない。とりあえずそう思ってみただけで、「いや、これでも精一杯生きてきた、よくやった人生ではないか」というあたりに落ち着くのではないか。そして、それでいいのである。「自分の人生はこれでよかったのか」「こんな程度だったのか」「ざまあねえな」と深刻に考えて、自己卑下したり自虐的になる人は、案外少ないのではないか。人間は自分を否定したくない生き物である。それでもまだ、自分で否定し、反省し、自己矯正することはできるが、他人からは否定されたくない。

これはどうしようもない感情である。わたしたちは、他人が自分の考え方や行動や生き方に同意してくれないとき、おもしろくない。あからさまに感情をあらわにすることは大人げないとわかっているから、なんとか抑えようとするが、本意は不快である。他人から「ありふれた人生ですねえ」だの「つまんない人生でしたねえ」なんて絶対にいわれたくないのだ。たしかにそのとおりなのだが、おまえなんかにいわれたくはない。

まさか、自分の人生は正解の連続だった、などと考える能天気野郎はいないだろう（と思ったら、これがいるのですね。のちに紹介しますが）。しかし、まあまあよくやったのではないか、ぐらいは思いたい。なかには、やりたいことはすべてやった、思い残すことのない人生だ、と豪語する嫌みな人間もいるかもしれないが、そんなことはどうでもいいのである。その人間の勝手だから、自分でそう思っていればいい。

いや、振り返りのきっかけは、人生の後半や終盤における難事との遭遇だけではまだ不十分かもしれない。会社や人に裏切られたりした場合はどうか。いったいなんのためにあんなに必死に仕事をしたのか、とか、いざとなるとどんな人間も信用できない、とか、あの結婚はなんだったのか、などと難事そのものに対する感慨で終わりそうである。まあしかたがない、これで人生が終わったわけではない、と心の切り替えも可能だ。

とすれば思いがけない大病にかかったとか、年を取って体の衰弱や変調を感じ、もうこの先長くはないかもしれないな、というように、命の炎がゆらゆらしはじめたときか。あるいは、寝たきりになってしまった、もうどうにもならない、というのが、人生を振り返り、人生の意味をあらたに問い直す一番の機会になるのかもしれない。

それは多かれ少なかれ「末期の目」で現在の自分を見るようになるからである。つまり、遠からぬ自分の死を予感する意識があること、それがしみじみ自分の人生を振り返らせるのではないかと思う。というのもここ数年、わたしの意識に「末期の目」がチラチラ入ってくる気がしているからである。がんが発覚したわけでも（実際はあるかもしれないが、健診に行かないのでまったく不明）、大病になったわけでもない。余命半年とか一年とか宣告されたわけではないから、「末期の目」といっても半分インチキなものだが（真に深刻ではない）、時折、あとどれくらい生きられるか、と考えるようにはなった。

十年ほど前、二〇一六年のリオデジャネイロオリンピックまでもつかね、と思った。二〇一八年のサッカーW杯ロシア大会は？　幸いこの二つはクリアできた。いまは、今年に行われるラグビーW杯日本大会と来年の東京オリンピックまではたぶん大丈夫だろうと思っているが、そのあとのことはまったくわからない。自信もない。もし二〇二四年のパリオリンピックまでもつなら御の字である。

あとどれくらい生きられるか、といった意味のないことが頭に浮かぶとき、付随して、昔のさまざまなことが、なんの脈絡もなく思い出される。嫌なことは努めて思い出さないようにするが、恥をかいたことや、後悔していることや、申し訳なかったことは思い出すままにする。いかに未熟だったか、世間知らずだったか、見栄っ張りだったか、情けなかったか。自分が振り返るのだから、自分にウソをついたり、ごまかしても意味はない。負債は返しきれぬのが人生だ。

「だけどいいよねえ」

楽しかったことは懐かしい。大分の田舎町に、年上のいとこたちが夏休みに家族でやってきて、城跡まで遊びに行ったこと。あの頃が一番よかったな。家は貧乏だったが、まだみんな元気で無邪気で明るかった。無数にあった人生の岐路で、別の道に進んでいたら、その後会った人々や、いま知っている全員とはだれひとり会うことがなかった。まったく違った人生になっただろうが、どんな人生になったかは想像すらできない。埒《らち》もないことだ。埒もないから、結局、こうあるほかなかったのだというところに落ち着く。

オフコースに「老人のつぶやき」という歌がある。もうすぐ自分は死んでゆく、わたしが好きだったあの人はもう死んでしまっただろうか、もう一度若くなりたいとは思わないが、彼女に好きだったと伝えられなかったことが、唯一の心残りだ——というような歌だが、いや、しみじみとしますなあ。いい歌である。

どんな人にも、あの人はどうしているだろうか、元気だろうか、しあわせになっているだろうか、と思い出す人が何人かはいるはずである。もちろん、返答はどこからもやってこない。人生に悔恨はある。これまた埒もない感慨である。ではあるが、はるか彼方に挨拶を送りたい気になる。

振り返ってどうなるのか。振り返ることとは、自分の人生はどうだったかの総括をすることになる。大小さまざまなことがあり（大はなくて中、中もなくて小ばかりの人生であっても）、それらをひっくるめて、自分の人生はどうだったのか、正しく生きたのか、を総括する。優、良、可、不可。試験には百点満点があり、それを基準として優良可不可が決まる。ちゃんと点数が出る。しかし人生には百点満点がない。

いったいなにを基準に自分の人生の優良可不可を決めるのか。採点者は自分である。結局は、人生の標準モデルに照らすことになるのだろう。まあ人並みだろうとか、こんなもんだな、というあたりに落ち着くのではないか。優、良、可、不可でいえば、可。そこに自尊心が働いて、良にしたくなる。良にすればいいのである。だれからも文句は出ない。

不染鉄《ふせんてつ》という画家がいた。明治二十四年（一八九一年）生まれ。ちょっと変わった日本画を描き、帝展に度々応募したりしたが、太平洋戦争後、奈良の高校の校長になった。退任後、絵に専念し、八十四歳で死ぬまで奈良に暮らした。

「春風秋雨」という無縁墓地群を描いた絵に、こういう言葉が書かれている。「有名になれずこんな画《え》をかくようになっちゃった。だけどいいよねえ」（NHK『日曜美術館　芸術はすべて心である〜知られざる画家不染鉄の世界』二〇一八・五・二十)。かれのように、「だけどいいよねえ」と自分で納得することが必要である。

人生の標準モデルは変わりつつある

わたしが大学を出た五十年前には、社会通念として「正解な人生」の一般的な標準モデルがあった。いい大学に入り、いい会社に就職して、結婚して、子どもをふたりもち、車を買い、一戸建て（自宅）を買い、定年まで会社を勤め上げる、というやつである。その上、大病や事故や事件や災害は一切勘定に入れず、子どもたちも立派に自立し、定年後は夫婦で好きなことをして豊かに暮らす、となればさらによろしい。

暗黙のモデルだが、これが人生すごろくの上がりである。このモデルがより贅沢により豪華になれば（さらに有名、となればなおよし）、人も羨む成功した人生となる。しかし成功は人生の正解でもなんでもない。

わたしが就職をした一九七〇年代、終身雇用制度と年功序列は盤石《ばんじやく》だった。人々の夢はマイカーに一戸建てに海外（主にハワイ）旅行だった。経済は右肩上がりで、一九八〇年代のバブルまで突き進んでいく。派遣社員などまだ一人も存在せず、巨大なショッピングモールなど影も形もなかった。モノを所有することが最高の価値とされ、株をやらないやつはばかあつかいをされて、日本人全体がのぼせ上がった時代だった。

パワハラやセクハラという概念もなかった。オネエはまだ日陰の存在で、落語家や漫才師はいたが、お笑い芸人はいなかった。もちろんパソコンも携帯電話もない。当然、ブログもツイッターもインスタグラムもフェイスブックもユーチューブもなく、ローカルアイドルもいず、ハロウィンもなかった。

時代は様変わりした。もうパソコンなしでは仕事ができない。スマートフォンは全国民の必携品となった。自己アピールと人間関係に不可欠のツールになったのだ。ネット空間という仮想現実が成立し、そこでは匿名性に隠れて、怨嗟と嫉妬と誹謗が渦巻いている。自我の満足が最大の欲望となった。労働は使い捨て放題の労役分野が拡大された。いまや労働者の約四割が非正規労働者である。

ところが、正解な人生の一般的なモデルはまだ生きている。ただし「いい大学」「いい会社」の「いい」にこだわる必要はない。絶対条件ではない。ただの口癖である。このモデルの根幹は「会社に入って、家族を作り、定年まで勤め上げる」という部分である。このモデルは世俗的な「しあわせ」のモデルでもあった。

これを実現するのが男の甲斐性《かいしょう》とされ、女は結婚して専業主婦となり、子どもを立派に育てる。つまり、それが「女のしあわせ」のモデルでもあった（アマチュア・レスリングの吉田沙保里が引退を表明したとき、ファンの間で「女性としてのしあわせ」を摑《つか》んでほしい、という声が溢れた。本人も「女性としてのしあわせというのは絶対に摑みたいな」と語った。まだこういう考えは根強いのである）。

この標準モデルは日本人特有なのではなく、相当に普遍的（つまり歴史的・世界的）なモデルだといってもいいのではないか。つまり、悪くはないのである。文句をつけるところもない。だからこのモデルは、いまでは相当にガタがきているが、いまなお大方の人の意識のなかに根を張っている。伝統的モデルとして強力なのだ。

もちろん世間に浸透したこんなモデルに反発する個人はいた。こんなモデルに盲従する人間はちまちまとした「マイホーム主義者」と揶揄《やゆ》もされた。あれから五十年、それがいまやどうですか奥さん……といえば綾小路きみまろになって、おもしろくもなんともないが、現在、この正解モデルは綻《ほころ》びはじめている。

個人や少数者の自由な生き方を尊重する権利意識の広がりと、終身雇用の崩壊や派遣社員の増加といった生活環境の変化によってである。というのもこのモデル自体は悪くないのだが、それが世間的圧力として個人を圧迫するようになっていたからである。それでなくても同調圧力の強い日本社会で、このモデル以外の生き方は逸脱ないし失敗と見做《みな》されたのである。

だが、それですべてが丸く収まるわけではない。いまや大学を卒業しても正社員として勤めることが容易ではない。就職しても、定年まで雇用の保証はない。男女ともに結婚への世間的圧力はあきらかに減少した。これはいいことだ。結婚はコスパが悪いと考える男女もいる。男の生涯未婚率は約二〇パーセント（五人に一人。ほんとかね）、子どものいない世帯（DINKs）も二〇パーセントある。つまり、結婚と出産は、実態からいっても人生の正解モデルから外されかかっているのである。

オタク的生き方は堂々と公認され、LGBTも認められ、同性婚も認められる国もある。モノ自体への欲求は減少し、ミニマリストも出現した。若者の車離れは指摘されてから久しい。好きなことをして生きていきたいという人が増えているのである。その一方で、たかが正社員で、ただ結婚したというだけで（ろくな相手でもないのに）、ただ子どもを産んだというだけで、「勝ち組」だと威張りたがる輩《やから》が出てきた。

新しい人間の生き方の価値

人生に唯一の正解モデルなどない。つまり、どのように生きるかはあくまでも個人の自由である。こんなことは五十年前でも頭ではわかっていた。だが実際にモデルからの逸脱者が出ると、とくに身内から出ると、結婚はどうする？　子どもは？　仕事は？　と現実からの反発が強かったのだ。いまではその反発が減少した。離婚などいまではあたりまえの事態である。ついでにいえば、男らしさ、女らしさの圧力も減った。

わたしはこれまでに書いた本のなかで、吉本隆明の至言として次の言葉を何度も引用したことがある。「結婚して子供を生み、そして、子供に背かれ、老いてくたばって死ぬ、そういう生活者をもしも想定できるならば、そういう生活をして生涯を終える者が、いちばん価値ある存在なんだ」（「自己とはなにか」『敗北の構造』弓立社、一九七二）

わたしはこれをほんとうのことだといまでも思っているが、しかし現在では、これはこのようにいい換えられるべきであろう。もしくはそのあとにこのように付け加えられるべきであると思う。「なんの気負いも、強がりも、衒《てら》いもなく、また卑下することも恥じ入ることもなく、人に誠実に対処し、黙々と仕事に尽くし、ひとりで恬淡《てんたん》として生きるものがいるなら、それは価値ある生き方である」。長いな。キレもないが。

「結婚」も「子供」もここからは脱落している。いうまでもなく「結婚」も「子供」も否定するわけではまったくない。が、それらは正解の人生の必須条件ではない。悲惨な結婚や児童虐待だってあるのである。「人に誠実に対処し」ということには、好きな人を大事にするということも当然含まれる。愛が叶うか否かはわからない。また、なにがなんでも「ひとり」で生きよ、ということではない。「ひとり」でも十分だということである。個人の自由な生き方をほんとうに承認するのなら、ここまでいわなければだめだ、という気がする。だれはばかることのない生き方である。

人生に唯一の正解などない。大学＋会社＋結婚＋子ども＋車＋持ち家＋定年までの安定した仕事＋貯金（＋年金）＝人生の正解（しあわせ）、という図式はもはや成立しなくなりつつあるのである。これは正解のひとつにすぎない。

これらの全部が揃った者が不正解の人生に落ちた例は無数にあるだろう。モノやお金や人間をいくら足しても正解にはならない。友人は多ければ多いほどいい、などというのはただのばかでしかない。そうではなくて、どんな生き方でもまっとうに生きるのなら、その人にとっては正解の人生である。いうまでもないことである。

しかし、どんな生き方も自由であり、それぞれが正解である、ともいい切れない。いや、考え方としては正解なのだが、現実的にはそうではない。「結婚・家族・定年」という旧モデル勢力はばかにできない。まだ旧モデルは大勢であり、執拗《しつよう》だとわたしには思える。

どんな生き方でも正解、という「個人の自由」を旨とする新勢力は、モデルでもなんでもないが、この考えや生き方が真に社会で認められるにはまだ時間が必要であろうと思う。この自由はまだ生煮えで、ひ弱なのだ。いまはまだ旧モデルと新勢力がせめぎ合っている過渡期である。旧モデルがワン・オブ・ゼムになればいい。

「正解な人生だ」と公言することはない

「人生の正解」というタイトルで本を書こうと考えたときには（やめればよかった）、まさかそれに符合するような、こんな堂々としたタイトルの本があるとは思わなかった。角野《かどの》卓造《たくぞう》の『万事正解』（小学館、二〇一七）である。角野卓造はわたしより一歳下の七十歳、テレビドラマ「細うで繁盛記」で広く知られ、またお笑い芸人のハリセンボン近藤春菜の「かどのたくぞーじゃねぇよ」の余波でプチブレイクした、あの人のよさそうなぽっちゃりした俳優である。

角野卓造はこのようにいっている。意外に自信家の頑固おやじである。「私は、誰が何と言おうと、『こういうふうにしか生きられない』と、六十九年間、開き直ってワガママに生きてきた。それだけだ。それが正解かどうかはわからないが、正解だと思い込んでここまできた」。すなわち「私の人生だ。迷惑をかけないかぎり、何をやっても誰も止めない。そう、何をやってもいいのだ」。

なんだか、いいのである。わたしも角野に似ている。「こういうふうにしか生きられない」と生きてきたからである。そう。自分の人生は、自分で正解と決めるほかはないが、しかしわたしの場合、自分の人生が「正解」だと思って生きてきたのではない。反対に、世間から見たらこりゃどうしようもないだろうな、と思った。それでもやむをえなかったのである。なにしろ性格がナニでナニなもんだから、世間に合わして生きていくのが楽しくなかったのである。

角野卓造は、自分の判断に自信ももっている。「音楽——特にジャズというジャンルは、評論家も多いし、一家言《いっかげん》持っている人も多々いる。でもそういう他人様《ひとさま》の基準に、私は惑わされることがない。音楽に関しては、これまで聴き続けてきたという経験がある。自分の中で、このアーティストはこういう音を鳴らすというインフォメーションができあがっている。自分の経験が、自分の判断を下支えしているのだ」。これまた、考えがはっきりしているのだ。

これにも親近感をおぼえる。わたしは人の意見も聞くが、音楽や映画や本や食などに関しては、角野とおなじように、自分の好悪の判断には自信がある。世間に対しての自信ではなく、自分にとっての自信である。

角野はいう。


あの時ああしていれば……。

もしタイムマシンがあったら、人生の岐路に戻って、そこからやり直す。そういう願望をよく聞くが、私はそうは考えない。なぜなら、岐路に戻って別の人生をやり直せたからといって、上手くいくとは限らないからだ。むしろ、今こうして生きているそのことを「正解」と思いたい。


かれは麹町中学二年生のとき、学内の芝居に出た。ある先生に褒められた。「この時の満ち足りた思いが、私を役者の道へと進ませたのは間違いない。／振り返って見れば、これが正解だったのだろう」。高校進学のとき、玉川学園と学習院高等科に受かり、学習院に決めた。「これも正解だった」

大学進学では文学部を選ぼうと思っていたら、父親から「文学部だけはやめておけ。つぶしがきかん。経済へ行け」といわれ、経済学部へ進んだ。「これも正解といっていいだろう」。大学三年のとき、将来は役者の道に進もうと決意し、早稲田小劇場と文学座の試験に受かった。悩んだあげく文学座を選んだ。「この選択が大正解であったことは間違いない」

段々読み進むにつれて、ちょっと鬱陶《うっとう》しくなってくるのはしかたがない。自分のしたこと、判断したことのすべてに、千社札《せんじゃふだ》のようにやたら「正解」のお札をペタペタ貼りまくっている姿にちょっと鼻白むのである。もう、こんなところにまで貼っている。「山小屋」という居酒屋でアルバイトをした。「そこで、客に勧められるまま、一緒にしこたま酒を呑んだ。今に続く居酒屋好き、酒好きは、ここから始まっている。つまり、このバイトも大正解……ということにしておこう」

こうやって振り返ってみると、全部が正解だ。

実際のところ、「あの時ああしていれば……」と考えても何の益もない。人生、万事正解。これでいいのではないかと思っている。

もう角野の人生は隅々まで青空で晴れ渡っているようだ。しかし、さすがにここまで自分の人生は正解、正解、「全部が正解だ」といわれると、そりゃけっこうなことでおますな、としかいえない（曽我廼家明蝶《そがのやめいちょう》が懐かしい）。

角野のいいたいことはわかる。決して自慢したいのではなく、だからみなさんの人生も「全部が正解」だと考えていいのではないですか、いまさら後悔したり反省したりしたところで、どうにもならないのだから、といいたいのだろう。まあ、そうかもしれない。そのほうが賢いやり方である。角野卓造がいい人間であることはわかる。けれど、わたしが「品」を云々する義理ではないが、自分の人生はすべて正解だった、と公言するのはあまり品のいいことではない。

似たような人はいるもので、俳優の市村正親《まさちか》もまた、うれしそうにテレビでこのようにいっておりました。「こんな幸せな人生はないでしょ。きれいな奥さんがいて、子どもが二人いて、仕事が二〇二一年まで決まってる」。いやあ、いってくれますねえ。わざとらしく謙遜するほうが嫌らしいという意識があるのだろうが、謙遜してよ。

平和で自由であることの束の間

と、ここまでお読みになった方には申し訳ないが、人生を振り返ることが大事だということではない。人生を振り返る契機がなんであれ、自分の人生はどうだったのか、正しい人生を歩くことができたのか、と考え、まずまずだったのではないか、と納得できるかどうかが大事なのだ。もしくは、まずまずだったと納得できるように生きること。

ただこんなことを考えることができるのは、わたしが生まれて七十年、おおむね平穏無事に生きてこられたからである。人は生きる時代を選べず、生まれる場所（国、地域）を選ぶことができない。生まれてくる家庭を選べず、つまり生まれてくる環境全般を選ぶことができない。わたしはたんに幸運だったにすぎないのではないか。

わたしが生まれた昭和二十二年（一九四七年）には、日本人が三百十万人も死んだという太平洋戦争は二年前に終わっていた。五千数百人もの特攻隊の若者たちも亡くなっていた（アジア全体、欧州全体にまで広げれば、戦禍はさらに膨大な数になる。そうなるともう想像することさえできない）。軍人・民間人を問わず、戦火に斃《たお》れた人々にとっては、人生の正解もへちまもあったものではない。わたしが生まれる数年前までは、お国のために死ぬ、というのが唯一の正解だったはずである。自分の人生を自分で選ぶことができなかった時代である。

わたしの想像力が及ぶ時間と空間はせいぜい太平洋戦争開戦前後までと、東南アジア近隣までである。ほんとうはそれさえもおぼつかない。もちろん本を読み、映像を見ることによって、知識はそれ以上の時間と空間を超えることはできる。が、わたしはそんな知識に大した価値を置いていない。ただの知識にすぎないし、すぐ忘れる。想像力などといっても、無力なものである。終戦後、十数年間の父と母の苦労でさえ、わたしはまったく実感できないのである。

わたし（たち）はつくづくいい時代に生まれたものだと思う。それでも終戦後、「駅の子」と呼ばれた戦災孤児たちは辛酸を舐めた。わたしは貧乏人の子ではあったが、そういう目に遭わなかっただけでも幸運だったといわねばならない。

わたしがここで考えようとしている、人生に正解はあるのか、あるとすれば正解の人生とはどんなものか、という問いは、もし答えがあるにしても、昭和二十二年から、平成を経て、今年の新元号制定後の（祝！「令和」決定）、いまある自由と平和が保たれるまでの間しか通用しないものである。

二〇一八年度ノーベル平和賞をイラク出身のナディア・ムラドさん（当時25）が受賞し

た。過激派組織「イスラム国」（ＩＳ）が彼女の村に侵攻し、「母親や兄弟は殺害され、ムラド氏は拉致され約3カ月間『性奴隷』として繰り返し暴力を受けた」。ＩＳの蛮行は想像を超えている。その後脱出し、国連安全保障理事会などで証言をしている。

彼女は「受賞はとても名誉だが、同時にとても重い責任を感じている」と語り、「虐殺や性暴力を終わらせるためには、国際社会のさらなる努力が必要だ」と、今後も性暴力被害者の支援をつづけるといっている（「毎日新聞」二〇一八・十・九夕刊）。

女性として、この世の地獄を強いられ、よくも人生に絶望しなかったものだと思う。こういう人を前にしては、人生の正解もへったくれもないという気がする。しかし、よってたかって彼女の人生は傷つけられたが、それでも彼女は正解の人生を歩んでいる。人間はどんな状況にあっても、人間としての「正しさ」というものがあるものなのか。それがほんとうの「正しさ」というものか。すごい人がいるものだ。

人の死がつらく悲しい理由

元々わたしたちは自ら望んでこの世に生まれてきたわけではない。生まれたことに意味などないのである。気づいたときには、もう後の祭りで、すでにわたしがいたのである。

だから生まれてきたこと自体にわたしの責任はない。わたしの性格や体格にも責任はない。自らが望んだ性格でも体格でもないからである。生まれてきた自分、家族などの環境、社会と時代と世界のすべては偶然による所与のものである。これはどうしようもないことである。文句をいってもどうにもならない。

しかし生まれてきた以上、自分自身とも、その他の一切とも折り合いをつけて生きなければならない。これがめんどうくさい。めんどうくさいが、そこそこおもしろくもある。で、人間関係や仕事や趣味など、何十年間もなんだかんだやって、これまた気づいてみれば、いつの間にか年寄りになっていたのである。

その過程で、責任を学び、情けない自分の姿も見、世の中思い通りにならんものだ、と身に沁《し》みる。他人の情けも非情も知る。社会は随分とでたらめなシステム（既存社会体制）とでたらめの価値観とで出来上がっており、いくらばかばかしいと思っても、それが多数のなしくずしの同意によって成立している以上、わたしたちはそのなかで生きていかなければならない。

年を取って、さあこれからが人生で一番楽しい時間だぞ、と適当なことをいう人もいるが、どうであれ死に向かっていることはだれもがおなじだ。いやいや、これからは人生百年だ、というものが出てくると、それはおもしろい、これは商売に使える惹句《じゃっく》だと社会に定着する。ばかいってんじゃない、とわたしは思う。百歳まで生きるのが既定のようにいう人もいる。もちろん、できる人は百歳までピンピンと生きてもらっていいが、それでも死はやってくる。なにがうれしいのだ。

いいたいことは、死にたくもないのに死がやってくるということである。八十になっても九十になっても、人は死にたくないのである。人生とは、生まれるときは勝手に産み出され、死ぬときは自分の意思に反して死んでゆかねばならない、ということである。納得するもしないもないのである。特攻隊員も病者も死にたくない。もう十分生きたと豪語する者も、自殺者さえも、ほんとうは死にたくない。

植物や動物は死にたくないなどと考えない。即物的な死があるだけである。人間だけが嫌々死んでいく。刀折れ矢尽きて疲れ果てた、もういいやと諦念《ていねん》した人でないかぎり、人間はほんとうは死にたくない。ひとりの人の死は、人類の敗北のような気がする。

親愛なる人の死がつらく悲しいのは、その人固有の意味が決定的に失われるからである。どうしてもその意味だけは二度と手に入らない。人とは意味そのものである。その人と一緒に過ごした時間、話し合い、笑い合い、怒った、すべての時間によって作られた意味そのものである。無縁の人の死も、なんらかの意味を帯びている。

わたしたちは日々、人が死ぬというニュースに慣れすぎている。わたしも、人は死ぬときが来れば、死ねばいいのである、と書き、死にたくないといっても、死ぬのならしかたないではないか、と書き、死ぬことに失敗した人間は歴史上ひとりもいないのである、というふうに書いたりもした。

わたしは死をあまりにも簡単に考えすぎていたような気がする。たしかに死はありふれている。しかし、ひとりの死は、わたしの想像以上に、周囲の者にとっては大変なことではないか。そして、わたしは簡単に「人生」と書くが、わたしはわたしの人生しか知らないのである。そして一人ひとりの人生も大変なことではないか。

わたしはわたしの人生を生きる。けれど、わたしの死はわたしのものではない。わたしという存在の意味、わたしの人生の意味はだれかによって感じとってもらうしかない。はたして、まっとうな人生だった、と思ってもらえるかどうか。そのつもりで生きているつもりではあるが、はたしてどうなのか。

第二章　人生に目的や意味がなくても

「いいね！」が欲しい

「毎日新聞」の「余録」にこんなことが書いてあった（二〇一八・十・八）。CNNの調査によると、二〇一一年から二〇一七年の六年間で、ユーチューブやブログに自撮り映像をあげるために危険な行為を犯して死んだ人間が世界中で二五九人いるという。その七割が男、大半が三十歳未満。年平均四十数人だ、大したことないといえばいえるが、それは「氷山の一角」で、死者は「年々増えている」らしい。わたしもテレビで見たことがある。地上数十メートルの煙突状の鉄塔の上に立って足元を映している映像だ。ほとんど自殺行為にしか見えない。

わたしはかれらの行為がまったく理解できないが、動機として、あきらかに自己顕示欲はあるだろう。自分という存在の誇示である。かれらは自分だけは大丈夫だと思っている。危険感覚が狂っているか、ないのだろう。「余録」ではかれらを「ナルキッソス」（ナルシス）と呼んでいる。自己陶酔者ということだろう。

あわよくば再生回数の激増によって収入につながれば、という皮算用はあるだろう（それにしてはやっていることの危険度と報酬の少なさが不釣り合い）。本人は、おれも一丁やってみるか、と簡単な気持ちかもしれないが、ようするに「意味」が欲しいのだろうと思う。自分という無意味に耐えられない。オートバイの曲乗りをして高速道をぶっ飛ばす者がいる。麻薬所持を装って、意図的に警官に追いかけさせた男もいた。

死んでしまう者は極端な例だろうが、ふつうにインスタグラムをやっている人まで範囲を広げれば、この自己顕示的傾向は世界的現象であろう。トリック写真を投稿して人気者となった九十歳の「インスタおばあちゃん」もいる。かれらは「いいね！」の反応が欲しいらしいのだが（「いいね！」の原語は「Good!」なの？　と若い人に訊いたら、「Like」だった）、それは、自分という存在の「意味」が欲しいということなのではないか。しかも目に見える形で。

横井憲治（原作）、上原求・新井和也（漫画）『最強《さいつよ》伝説　仲根1』（小学館）の主人公・銀行員の仲根秀平（24）もインスタグラムをやっている。仲根は仕事にもそれを生かそうと、中小企業の工事用具会社にインスタ利用による業績アップ策を提案する。乗り気でなく、渋る社長にこう説得するのだ。

「インスタはっ、子供の遊びなどではありませんっ…！　ただ日本経済がＳＮＳによって押し上げられているのは事実なんです。内閣府の発表によると実質ＧＤＰは８四半期連続の成長……要因はＧＤＰの約６割を占める個人消費が好調であったこと！　そしてその好調に貢献したのが、インスタをはじめとするＳＮＳによって伸びた、外食産業と言われているんです…！　その他にもインスタにアップした写真がバズったことで集客アップに繋がった店舗や、地方都市などが後を絶たず…！　上手くやりさえすれば充分収益を見込める手段なんですよ、インスタはっ…！」

過大評価のような気もするが、経済全般においてそういうことはあるのだろう。しかし問題は一人ひとりの個人である。一人ひとりの人生である。なにも知らない中小企業のおやじ社長には得々としてＳＮＳの効用を説く仲根だが、自分の個人的なインスタには「いいね！」がひとつもつかない。ところが世間のインスタグラム・ユーザーたちは「いいね！」をもらうために、「全世界で7億人ものアクティブユーザーがいるインスタにおいて、少しでも目立った投稿をするためには、これぐらいのことはしないと！」とあの手この手で技法をこらしているのである。

仲根が上司と部下の三人でインスタグラムの話をする。部下がインスタの効用を説く。「いや、年配の方も結構やってるみたいですよ」。すると、「偉そうで、ネチネチしてて、謝らない。自分の非を認めない。そして人によってその態度をコロコロ変える」「絵にかいたような下らない上司」足立茂夫（54）が、自分のばかさ加減を棚に上げて、こう言い放つのである。

「こういうの、なんてたっけな〜〜ああ、そうそう、承認欲求？　自己顕示欲とも言えるな。バカみてぇにはしゃぎやがってよ…！　タレント気取りかっての…！　あの『いいね！』つったか…？　あれが沢山ついたら、何ものでもない自分が、少しは浮かばれるとでもいうのかね…！」

まあ、これは正しいのではないか。ばか上司でもたまには正しいことをいう。仲根は昔の自分にいう。「難しいもんだ……！　生きるってのは……！　戦えば負けることもある。それでも戦って、戦って、戦って、いつしか戦わなくなる。自分はこの程度の人間であると思いたくないから！　そして目をそらす。逃げる。逃避。（略）今、まさに今を生きるオレがっ、戦うこととっ！　未来を見て進んでいくことが大事だったんだ。インスタが悪いんじゃない。悪かったのはそれに逃げ込んだ、オレの心根っ。なのにいつの間にか上手くいかない理由を過去の自分…つまり…お前（過去の自分）のせいにしてた…」

二十年前にはSNSなどなかった。それがいまや人間にとっては、自分という存在を主張する簡便な「ツール」となった。つまり新しい「意味」が創出されたのである。なにしろアメリカの大統領がツイッター政治をやるような時代になったのである（ただの金持ちのツイッター男が大統領になってしまった、といったほうがいいか）。どんな物事にも功罪がある。しかしいくら罪をあげつらったところで、大多数の人にとって、いったん「快」として出来上がった「意味」（SNS）はもはや解消することができない。それにどう向き合うかが個人の問題となるだけだ。

普遍的な「生きる意味」などない

人間世界に、本来「意味」などない。人が生まれるのは男女の単純な快楽行為の結果にすぎない（その割には一生懸命育てる）。だから人はなんのために生きるのか、という問いは意味をなさない。意味がないから答えはない。植物や動物は生きる目的も意味ももたない。ただ咲き、ただ生まれ、成長し、生きるために食物を獲り、寿命が尽きれば朽ち、死ぬだけである。人間も本来はそれとおなじである。人類が誕生した頃の話だ。そんな三十万年も前の大昔のことなど知るわけもないくせに、わたしもまた大きく出たものだが、その頃の人間に生きる目的や意味があったはずがないのである。

あったのは単純な喜怒哀楽の感情だけである、といいたいが、それもわからない。しかし赤ん坊を見ていてわかるのは、だれに教えられたわけでもないのに笑い、なにかわからないが大泣きをすることだ。とするなら喜と楽（快）、怒と哀（不快、不安、恐れ）の原初的感情はあったのだろう。

わたしも、こういうときは笑うんだよ、とか、いまが悲しく感じるときだよ、とか、なぜそこで怒らないんだ、などと感情の表し方をだれからも教わったことはない（いまでは「お客さん、ここは笑うとこなんですよ」という情けない芸人はいる。「悲しいときは泣いていいんだよ」と偉そうに教える者もいる）。長じて、感情の抑え方は自得した。というか、感情の表出の強弱は人によって差がある。

快を好み、不快を避けようとするのは、たぶん人間の本能である。人間が人間になったゆえんは、そのために道具（目的）を作ったことであろう。人間の進化の歴史は、石器時代、青銅器時代、鉄器時代といわれるように、道具の進化の歴史でもある。

人間は、よりよき人生のために、といった目標のためにではなく（そんな考えはまだ浮かびもしない）、日々のよりよき暮らしのために、より便利な道具を作るという目的をもったのである。そして役に立つ道具には意味があり、しょうもない道具は無意味とされたはずである。つまり「モノとしての意味」が創出された。

そして人類誕生以来、三十万年後の現在でも人間はまだ道具を作りつづけているのである。世に現れているのはいまだにほとんどが道具である。百均ショップは道具の宝庫である。飛行機、自動車、腕時計、家、装飾品、服装など、製品の形を取っているものも、たしかに過剰な意味（価値）をつけられてはいるが、基本的には道具にすぎない。ダイヤモンドなどの宝石も、自我の見栄にとっての道具にすぎないのだが、元々がつまらない意味しかないから、手に入れたとたんに意味は一気に失われる。色褪《あ》せる。

人間の偉大さ（とばかさ加減）は、よりよき暮らしのための道具を作る、というところから、そこに目的と意味を見出したことである。しかし、それはよりよき暮らしにとどまらず、恐れや不安を根源として、やがて武器の製造や、言葉の発明や、神の発明や、家族や部族の形成や、なんやかんやによって、目的と意味は融合し、対立し、歪み、複雑化していったと思われる。

とまあ、こんなわかったようなわからんような、素人考えの歴史観は、ほんとうはどうでもいいことである。人間も本来は、快・不快の感情だけで生きてよかったのである。生きる意味や目的などいらんのである。夢をもとうぜ、君の夢はなにかね、など余計なことだったのである。しかし幸か不幸か、人間は霊長類最高の脳をもってしまった。これはもうしかたがない。なにが不満だったのか、モノ作りだけでは満足せず、人間とはなにかとか、なぜ生きるのかとか、果ては自分とはなにか、と考えはじめたのである。

ようするに、人間にとっての目的や意味は、人間が勝手に作り出したものだ、ということをいいたいだけである。当然、生きる目的も生きる意味も、人間がそれぞれ勝手なことをいっているだけである。これが唯一の、真の生きる意味だ！ なんてものは、ない。それどころかいまや、欲求や欲望の細分化や微細化によって、意味も目的もむやみやたらと氾濫するようになっている。欲望は昂進《こうしん》する。なんでもかんでも意味があり、ゆえにすべてが無意味といった様相を呈している。意味は混沌としている。

ギネス記録に意味はある？

いまでは目的も意味も無数にある。どんなことでも目的になりえ、その目的のために意味が作られた。いちいち意識することはないが、世界はうるさいほどの意味に満ちているのである（無意味の氾濫、といってもおなじことだ）。そして人はそれを信じ、あるいは信じるふりをして、生きている。だから、人の数だけ目的も意味もある、といいたいところだが、じつはメジャーな目的や意味が幅を利かしている。当然のことである。

本来、動物としての人間の生存に必要不可欠なものは、水と食物と睡眠と排泄だけである（生殖行為は生存のために必須ではない）。そのことを痛感させられる事態が時折出現する。戦争や自然災害で、原初の状態に一気に戻された場合である。難民キャンプや被災地で、このスープにはコクがないだの、このおにぎりは塩加減がいまいちだの、ウォシュレットはないのかとか羽毛布団はどうした、などと文句をいうばかものはいないのである。

しかし、こんなことをいってもしようがない。文明生活は現在の前提なのだから。

意味は作られる。どんな無意味な意味であろうと、いったん作られた意味はたいてい不可逆的である。多くの人に認められた意味は、その意味の妥当性はほとんど再考されることがない。されたとしても、ほとんど無力で、意味は持続する（宗教の強さ！ 硬直した脳の強さ）。「しあわせ」のように、よくわからぬものも、いったん作られてしまえば、世界大の普遍的な目的や意味となるのである。「しあわせ」なんかない、考えても無駄である、という言説はなくはないだろうが、どうにもならないのである。「しあわせ」は求められつづけるのである。

たとえば百メートル競走というものがある。世界最高記録はウサイン・ボルトの九秒五八。陸上競技の大会の決勝では百分の何秒差かで勝敗が決まる。しかしそれも、百分の一秒、千分の一秒まで計測できる時計が発明されたからこその差である。肉眼ではどっちが一位かわかりやしないのである。

それを百分の何秒差まで計測する。距離にすればわずか数センチ、十数センチの差である。そんなことに順位をつけて、Aが一位、Bが二位、あるいは日本一、世界一とやったところで、いったいなんの意味があるのか（と、ある若い人にいったところ、あっさり却下された。かれが正しいのか？）。ところがそれには意味があるどころか、観客は百分の何秒差の世界記録に熱狂するのである。

個人的なことをいえば、わたしは記録というものにもそれほど興味がない。何連覇だの、二千本安打だの、トリプル・スリーだの（これ、いらん）、相撲での一千勝だの、最年少優勝だの、どうでもいいと思っている。本人たちにとっては勲章なのだろうが（マスコミも見出しになるから騒ぐ）、ただのスポーツ好きのわたしにはどうでもいいのである。ただしわたしも「スポーツ」という意味だけは大いに好きである。

だいたい「世界一」ってなんなのだ。ギネス記録というものがある。どんなくだらんことでも「世界一」なら登録するというものだ。で、ギネスに挑戦とかいって、日本（世界）各地でさまざまな「挑戦」が行われている。そのなかに、二人一組になって相手になにかを食べさせ、その人数の多さの世界一を決めるという、まあじつにくだらんことの世界一みたいな種目(?)がある。日本のある地域がこの種目の世界一を更新し、それをまた日本の別の地域が抜いた。たしか五千数百人。このときは相手にコロッケを食べさせたと記憶するが、公式判定員によって記録更新が認められたとき、このイベントを主催した中学校の教諭は感激のあまり嗚咽《おえつ》しておった。なにがうれしいのだ?

これなど、そのイベントに参加した五千数百人の人にとっては意味のあることかもしれないが、こっちにとっては、まったくの無意味なばかげたことにしか思えないのである。その他、世界一長いトコロテンを作る、なんてものもあった。いっちゃ悪いがまあくだらんのである。じつにくだらん。そんなくだらんことやめよう、というものはいなかったのかね、と思うが、いないんだねこれが。もしいたとしても、「だったら、おまえはやんなきゃいいじゃないか、帰れ帰れ」とか「シャレのわかんねえやつだなおまえは」とかいわれて、終わりである。今後のその地域での付き合いにも影響が出る。

無数の意味のなかで生きるしかない

だれにとってもまったく興味がないもの、つまりなんの意味にもなりえないものは山のようにあるだろう。わたしにとっては宝石（ほとんどの男がそうだろう）、ブランド品、高級車、高級腕時計、年収一億円（どうすんだ、そんなに貰《もら》って）、トリュフ、フォアグラ、カニ味噌、バーベキュー、カラオケ、食べ放題、ファッション、車、株、SNS、ユーチューバー、韓流ドラマなど、山のようにある。

宗教は自分を律する思想という意味では関心があるが、非寛容になった宗教は意味がないどころか、有害である。結局、どんなに多数が認めても、自分はそうは思わない、というのなら、それは無意味なのである（だから、逆も成立する）。意味とは、個人にとっての快のことである。意味は、男女でちがい、世代によってもちがうだろう。

現在では人が好きでやっていることを腐《くさ》したり、侮辱してはいけないことになっている。どんなに愚劣なことのように見えても、公には、微笑ましい出来事として見てあげることが、個人の自由の尊重であり、「大人」の態度であるらしい。それでも許せん、と思うのなら、無視するか黙っていること。

ある人にとっては重要なことが、他人にはまったく愚劣ということが生じるのはしかたがないことである。くだらなくてもおもしろいものがあるが、ただくだらないだけというものもある。漫才コンビ・ジャルジャルの演題「もうええわ」（「漆の帯解き」「膝の峠越え」「子どもの小便百祟り」などの偽《にせ》の諺《ことわざ》のネタ。わからなければいいです）などはくだらない大傑作である。だが、「ギネスに挑戦」はただくだらなくて情けないのである。

と思うのだが、これはもうしかたがない。わたしたちが生きている世界がそのような種々雑多な無数の「意味」で成立しているからである。わたしだって、人から見れば、随分とどうでもいいことに興味をもっていることになるだろう。わたしたちは無数の意味のなかで生きるしかない。すべての意味を認める必要はないが（さすがにそれは無理だが）、基本的には寛容であるべきだろう。

サッカーのロシアW杯のとき、古市憲寿《ふるいちのりとし》は興味がないからテレビは見ない、といっていた。それに対して司会の小倉智昭は、嫌みな男だねえ、といったのである。ばかなのは小倉である。W杯に興味をもつかどうかは、人それぞれの自由である。古市はW杯はくだらん、といったわけではない。小倉は自分が興味をもっていることに、他人から興味はないといわれて、腹が立ったのである。ばかですねえ。

京都橘高校吹奏楽部の「意味」

わたしたちが生まれてきた社会は、すでにあらゆる「意味」が張り巡らされた世界だった。多くの人が賛同できるものもあれば、なんでこんなでたらめが罷《まか》り通っているのだ、と思うようなものもある。なかには無意味どころか、無意味以下の愚劣なことが、意味として成立していることもある。「クールジャパン」「今年の一字」「流行語大賞」などである。いまでもつまらないことが意味として作られている。「日本のハロウィン」「eスポーツ」「人生100年時代」などである。「一億総活躍社会」は、あまりにも無内容だったので、意味としても成立せずポシャッたが。

まあ、そんな小さな「意味」はほうっておくしかない。わたしたちは、人生の中核になるものに、自分の意思で、あるいは偶然に、あるいはただの成り行きで、ある「意味」を選ぶ。最初は複数の意味を選ぶ者もいれば、最初からひとつの意味に絞る者もいる。これといった意味に関心がなく、その日その日を生きる者もいる。それならそれでいい。

どうせ世の道具も製品も他人が作ったものだ。思想も意味も他人が考えたものだ。そういうもののなかから、わたしたちは自分に合ったものを見つけて生きているだけである。そんな分野で個性もへちまもない。ゼロから自前で作り出すなど無理なことである。だが、だれもが無意味と思っているもののなかから、意味を発見することはできる。以前は「オタク」と呼ばれる人たちがいた（鉄道ファンは「撮り鉄」「乗り鉄」「時刻表鉄」など、多くの意味がある)。が、いまではかれらの専門性は評価され、ある意味、世界的に認知されメジャーな存在となってしまった。

二〇一八年六月に行われたサッカーのロシアW杯が終わり、七月のテニスのウィンブルドンが終わったあと、深夜にすることがなにもなくなり(ほんとはあるのだが)、ボーッと日々を過ごしていたとき、偶然に、ユーチューブで京都橘《たちばな》高校吹奏楽部が二〇一八年度のアメリカのローズパレードに出場したときの映像を見つけた。

何気なく見はじめたのだが、いやあ、これがすごかった。一見して一気に魅了されてしまったのである。アメリカ流にいうと(いわなくてもいいのだが)、「アメイジング」であり「オウサム」(Awesome)であり「ワオ」(Wow)であり「キュート」だった。多くの映像が投稿されているが、毎晩、楽しくて片っ端から見まくった。

何年も前、日本テレビの「1億人の大質問!?笑ってコラえて!」という番組が「吹奏楽の旅」という企画をやっていて、わたしは好きで見ていたのだが、そのときに取り上げられた高校のひとつが京都橘だった。今回の映像を見て、そうかかれらはその後、アメリカのこんな大きな舞台に出場するようになっていたのか、と感慨深かったのだが、この映像はニュースとして、日本のどのテレビ局でもまったく放映されなかったのではないか。大阪の登美丘高校ダンス部の、荻野目洋子の「ダンシング・ヒーロー」を題材にしたバブリーダンスなるものはテレビで持て囃《はや》されて全国的話題にまでなったが、京都橘のはまったく無視されていた。

七十過ぎのじじいが高校生（ほとんどが女子）のバンドに魅了されているという図も、客観的にはあまり気持ちがいいものではなかろう。ところがですな、動画を見ているときのわたしは、もはや七十過ぎのじじいではないのである。じゃあだれなのだ？　年齢とはなんの関係もない純粋な「わたし」自身が見ているのである。なにが純粋かわからないが、ほんとうである。なにをいっておるのだ？
二、三時間などあっという間に過ぎてしまう。時間の浪費といえないこともないが、見ている間のわたしは「しあわせ」な時間のなかにいるのである。わたしにとっては「意味」そのもので、それで十分である。いやあ、かれらは見事なものである。いまの若い者は、などとてもいえない。彼女たち全員がしあわせな人生を過ごすことを願う。くだらん男なんかにひっかからないように（とはいえ、彼女たちにとっても、それは高校生活に限定された夢であっただろう。卒業すれば夢は弾ける）。
ローズパレードとは、アメリカン・フットボールの全米大学選手権の決勝（ローズ・ボウル）が行われる前の元日にパサデナで開催される、全長九キロメートルに及ぶ大パレードである。全米から選ばれた高校生・大学生バンドのほか、世界からも選ばれ、全部で十数チームが参加する。なかなかに狭き門である。しかし京都橘高校の吹奏楽部は、このパレードに二〇一二年と二〇一八年の二回招待されているのだ。パレードに参加している他のバンドがほとんど軍隊式の行進しかしないなかで、楽器演奏をしながら、最初から最後までステップを踏み、踊りつづける彼女たちのパフォーマンスが、パサデナの観客にとっていかに衝撃的だったかが、わかる。

京都橘の演奏は、本番のローズパレードと、その前日に行われたフットボール場でのバンドフェストと、翌日に行われたベネフィット・コンサート（謝恩演奏会）の三つがあるが、どれもが圧巻のパフォーマンスである。わたしは「必見」とはいわないが、興味のある人は一度見られたらよろしいのではないかと思う。ベネフィット・コンサートは九十分もあり、生徒たちとホストファミリーの交歓シーンは、日米が七十数年前、敵国同士だったことを考えると、感動も一入《ひとしお》である。あきらかに「女子の力」というものはある、と感じられる。下手な映画を見るよりは、はるかに感動的である。

二〇二〇年の東京オリンピック・パラリンピックの開閉幕式の「統括責任者」は野村萬

斎に決まった。個人の責任が大きい「監督」ではなく、チーム全体の取りまとめ役ということで「統括責任者」という呼称になったらしい。京都橘高校の動画には視聴者から、ぜひ東京オリンピックの開会式に出てほしい、という声が多い。わたしもまったく同感である。だれに頼めばいいのかわからないが、マーチングバンドとして世界屈指の京都橘高校の吹奏楽部と、日本の至宝であるピアニストの辻井伸行氏の参加を期待する。つまらぬ芸能人を出すのだけはやめてもらいたい。

意味になるもの、意味にならないもの

いま楽しみにしているのは、今年（二〇一九年）の九月に日本で行われるラグビーW杯である。ラグビーにまったく興味のない人には関係ない（無意味）だろうが、二〇一五年のイングランドW杯は、日本ラグビーの存在感を世界に示し、大感動の大会であった。とくに世界二位の強豪である南アフリカとの試合には興奮した。

ラグビーほど肉弾相打つスポーツは他になく、それゆえ想像以上に紳士的でフェアなスポーツである。アメリカン・フットボールのように防具はつけない。サッカーのように、肘打ちを食らわしたり、ちょっと触れたら大げさに倒れたり、倒れたら倒れたで意図的に

何回も転げ回ったり、時間稼ぎにボールを回したり、審判に不満や文句をいったりすることは絶対にない（選手同士の小競り合いは、ままある）。試合の公正さとおもしろさからいえば、サッカーの比ではないのである。

といって、わたしはラグビーに通暁《つうぎょう》しているわけではない。ラグビーが日本ではいまひとつメジャー競技になれないのは、男臭すぎ、汗臭すぎるからか。ルールが細かく、素人にはわかりにくいこともある。これは危険なスポーツであるがゆえにしかたのないことで、協会側も審判の声を場内に聞こえるようにしたり、テレビ放映でもルール説明をして、わかりやすくする努力はしているが、一般のファンはこれにこだわることはない。ボールを前にパスしてはいけない、ボールを前に落としたら反則、のふたつの大きなルールだけ知っていれば十分に楽しめる。

それよりも問題だと思うのは、サッカーに比べて、チーム名に企業名が露骨についていることである。これでは都市対抗野球大会とかいっていながら、企業対抗野球にすぎない社会人野球とおなじである。まだ企業イメージが強すぎるのである。地域色が強いのは釜石シーウェイブスくらいではないか。

横道にそれた。これらの興味あるものに比べて、わたしについに縁のなかったものがある。「意味」になりえなかったものだ。囲碁、クラシック音楽、酒、車などである。これはもうしかたがない。囲碁とクラシック音楽は、おもしろくなるのかなと少しトライしてみたが、本心から好きにはなれなかった。結局頓挫《とんざ》。車は免許を取る途中まで行ったが、やめた。酒はもう体質と合わないものだからどうにもならない。なぜ酒がうまいのか、いまでもまったくわからない。反対に酒飲みにしてみれば、なぜ酒の味がわからないやつがこの世にいるのか、まったくわからないだろう。

囲碁、クラシック音楽、酒、車以外にも縁のなかったものは無数にあることだろう。そのなかには、接してみれば夢中になれるほどおもしろいものがあったかもしれない。しかし人間はなんでもできるわけではない。

やりたいと思ったことはすべてする、人生は一度きりなのだから、とか、死ぬまでにしたいことリスト、とか、なにかをするのに遅すぎることはない、とか、いわれる。どれももっともらしい響きをもつ。「死ぬまでに」の言葉は人気らしく、死ぬまでに行きたい絶景だの、世界遺産だの、死ぬまでに見たい映画だの、見たい絵画だの、春画だの、建築だの、やりたいゲームだの、なんだか適当なことといってるな、というものが目白押しである。見たらなんなのだ？　得をしたということか。なにいってんだ？

「紀州のドン・ファン」はどうなのか

自分で見つけた意味なら、なんでもいいのだな、じゃあ「美女4000人に30億円を貢いだ男」野崎幸助氏のような生き方も正解の人生ということになるんだな、という人がいるかもしれない。いや、それは知らない。本人に聞いてみるしかないが、亡くなってしまった。死因を巡ってマスコミは騒ぎ、警察の捜査も入ったようだが、その後どうなったのか。しかしどうやら本人にとっては正解、自分の生き方に大満足のようだった。

かれは酒類販売業、梅干しの販売、不動産、金融業で財をなした。中学二年のとき同級生と初体験をし、「世の中にはこんなに楽しいことがある、ということを知った」。中学を卒業する頃には、「金持ちになって好みの女性とエッチすることが目標だった」という。これが野崎氏の人生の目標になったのである。家にも車にも食にもまったく興味はない。ガストのハンバーグ定食で十分だったたし、吉野家の朝定食も好きだった。「恥」は捨てた。「助平ジジイ」といわれようが、なんといわれようが平気。

かれの本を読んでみると、正直な男、という印象だ。名誉なんかいらない。ひたすら欲望に正直。「私は傲岸不遜《ごうがんふそん》な男ではありません。それどころか小柄で（身長百六十センチ弱だった……注）ひ弱で小心者で、人様を怒鳴りつけることもしません。腰は低いし、ただ腰を動かすのが好きな小市民なのです」（『紀州のドン・ファン――美女4000人に30億円を貢いだ男』講談社＋α文庫、二〇一六）。なに、うまいこといってるんだ。会社の社員は六人。離婚二回、子どももはなし。よかったよ、子どもがいなくて。

「美女4000人に30億円」とあるが、そんな話はじつはほとんど書かれていない。コンドームを訪問販売して小金を貯めたことや、その後の株式投資、金貸しの仕事の話が大半である。痛い経験もいくつかし、こんなこともいっている。「弁護士という職業は決して聖職ではなく、彼らはソロバンを片手にした商売人だと思ったほうがいい」。もちろん「頭が下がるほど懇切丁寧な弁護士」はいるが「本当に少数である」。わたしは痛い目に遭ったことはないが、この件に関してはそのとおりだと思う。

話のなかでは「美女4000人」どころか、せいぜい数十人ほどがあっさり触れられているだけである。まあ「4000人」など書きようもないだろうが。かれは「交際クラブ」なるものに複数登録し、気に入った女性に三十万円ほど渡して交際をしていたようである。ただし、女性に無理強いはしない。しつこくもない。けっこう金だけむしり取られたりもしている。風俗は好きではない。「美女4000人」の「美女」や、「4000人」の人数はほんとうか、などどうでもいいことである。

かれは、四千勝を達成した武豊がいいそうなことをいっている。「誰もが真似したいと思うような生き方ではないかもしれませんが、一つの目標に向かって努力を続ければ夢はきっと叶うはずです」。やかましいわ。

だれに迷惑をかけたわけでもない。なのに、羨ましがられることはあっても、なぜこんな生き方は褒められないのか。好き嫌いである。このような生き方が好きか嫌いか、だけである。それにわたしたちは、他に、あきらかにもっと立派な生き方をした人を知っているからである。野崎氏も褒められるとは思っていなかっただろう。

わたしに生きる目的はなかった

といってわたしたちは畏《かしこ》まって、これがわたしの生きる目的だとか、生きる意味だ、などと明確に考えているわけではない。そんな人間はまず、いない。ふつうは、将来こういう仕事をしてみたいとか、しあわせな家族をもちたい、といった程度の意識であろう。ただ、人のことはわからない。

わたしは、おれとはなんだ？　と考えたことはあるが、生きる目的や意味など考えたこともなく、悩んだこともない。現今《げんこん》やたらといわれる、夢も、わたしにはなにもなかった。

そのときその場で楽しいことはいくつもあったが、それだけのことで、つまりボーッと生きていたのである。謙遜ではない。

わたしが目的らしい目的をもったのは（以前の本で書いたことがあるが）、というより、こういうことをしたいなと思ったのは、高校進学のとき、商船高校を受験し、将来は外国航路の航海士になれればいいな、ということぐらいであった（商船高校卒ではなかなか外国航路の航海士にはなれないのだが）。ところが受験は失敗に終わり、普通高校に行った。大学を出たあと、今度は新聞社の外国特派員になれればと、なんとなく入社試験を受けた。しかしこんなボーッとした考えのやつが受かるはずもなく、落ちた。

商船高校にしろ新聞社にしろ（他に二、三、出版社も受けた）、わたしはただ外国に行く仕事をしたかっただけなのである。仕事といっても、舐め腐っていた。仕事への意思などまるで薄く、なんにも考えていなかったからである。だから、どちらとも失敗しても、大した挫折感もなかったのである。

こんなことは目的ともいえない。わたしみたいな三年寝太郎みたいなやつは落とされて当然である。このような本を書かせてもらえるようになったことも、最初は学生時代に突如、なんか書いてみたいな、と思ったのが発端である。ほんとにそれだけである。なんの脈絡も問題意識もなかった。自己表現をしたいなどの意識はまったくなかった。それが曲がりなりにも、このように実際に書かせてもらえるようになったのは、ただただ「書きたい」という意志が四十代までつづいたことと、あとは運がよかっただけである。

たったひとつ、明確な意志と目的があったのは、大学在学中に一年留年をして、ヨーロッパを自由に旅してみたい、ということだった。これは実現した。しかし考えてみれば、わたしが目的らしきものをもったのは、進学時に一回、就職時に一回、あとは一過性のものだけである。もちろんこれらの目的（と失敗）は人生の一部だから、なんの意味もなかったとは思わない。けれど、こういう人生を送りたいとか、理想の人生はこれだなとか、遠大なことを考えたことはまったくない。将来はなにも見えなかった。何十年先の自分を考えたこともない。

結婚して、子どもをもって、家を建てて、定年まで会社勤めをする、など微塵も考えなかった。ほんとうである。むしろ、家族をもつなど、自分には一生無理だな、と思っていた。それで全然悲しくはなかった。なにかわからないが、大学を出たら仕事だけはする気だった。当然である。

もう会社はどこでも、仕事はなんでもよかったのである。とはいいながら、やはり中小企業のなかでも、おもしろそうなところ、少しでも条件のいいところを選んだ。給料の多寡（微差だった）よりも、週休二日の会社を選んだ。当然である。

結局、行き当たりばったりの人生だった、というほかはない。それで七十一のこんにちまでやってきた。小さな事故には遭ったことがあるが、幸いにも大事故や事件や自然災害に巻き込まれたことはない。大病を患ったこともない。

よくも無事にここまで来れたものだと思うが、なにもない人生といえばなにもない。世の中には数百億円の巨大プロジェクトに携わる仕事をした人や、世界的な名声を得た人や、社会の利便に貢献するような発明をした人などがいる。人命を助ける医者や治安を守る警察官がいる。

わたしはそれらの人々を尊敬する。有名人などどうでもいいが、懸命に生きた無名の人々をもっとも尊敬する。わたしは自分の人生において、ほぼなにもしていない。人に自慢できるようなことはなにもない。しかたのないことである。できるだけまっとうに生きようとしただけである。それでけっこうである。その点に関しては、なんの不満も後悔もない。わたしはそんな自分の人生を正解だと思っているわけではない。もちろん、失敗だとも思っていない。ただ生きてきた人生である。

「目的のない人生を生きる」

慶應義塾大学文学部教授で哲学研究者の山内志朗が、「人生に目的などない」といい切っている。いいなあ。学問に男らしさなどないが、わたしの好きないい方でいえば、男らしくてスカッとしている。目的とは、意味を実現することである。だが、元々人生に意味がないから、目的もあるわけがないのである。山内はこう続けている。

人は「幸せになるために生きる。それはきっと正しいのだろう。しかし、幸せが何だかわからないし、それに辿り着く方法と道筋が明確ではない」。また「神のために生きる」人もいるだろうが、神に「近づく道筋が分かりにくい」。「家族のために生きる」は「分かりやすい」。悪くはない、ということらしい。「自分のために生きる」は「途中で必ず空しくなる」。「名誉と権力のために生きる」は「お好きにどうぞ」。「快楽のために生きる」はその人の勝手だが、「他人に迷惑をかけない」ようにしなさい（『目的なき人生を生きる』角川新書、二〇一八）。

さらにわかりやすく喩《たと》えている。「桜は花が散っても生きているし、花を咲かせるために桜なのではない。桜は満開の花を咲かせるために生きているのではない」「人間の人生もそうだ。人生は幸せになるためにあるのではないし、もしそう捉えてしまうと、幸せではないときは、幕間の休憩時間になってしまう」。ふむ。わかりやすい気がしたのだが、そうでもなかったかもしれない。桜はそのとおりだが、人間は「意味」をもってしまったから、桜と比べられてもちょっと困る。

結局、先生のいいたいことはこうである。人生の目的は「多様性ということが唯一の答え」である。つまり、人生の目的とは固定的なものではないし、一回かぎりのものでもない。複数の目的があっていいし、生きている過程で次々と継起《けいき》してくるものでもある。

「目的は途中で自発的に現れてくる。目的がこのように生まれてくるものであるとすれば、目的を達成して、目的を失った索漠たる時間を持てあますこともなくすごすこともできるようになる。自生的目的、つまり、自ずと生まれ、目的そのものが目的自身を育てるような目的しか人生の目的はない」

ちょっとめんどくさいし、わかりにくい。ほんとうのことをいうと、わたしにとってこの本のおもしろさは別のところにある。それは山内の権力嫌いの部分である。こういう人が学者のなかにいるのだ、と驚いた。

「世の中ではアグレッシブな人間ほど攻撃的であり、他者との関係を築くことに長けている。多くの人と知り合いである。人間好きとは、権力関係の顕示であり、知り合いが多いのは、権力の大きさを示すことになる」「集団の中で、一番大声で笑うのは、一番権力を持っている者である。つまらないダジャレでオヤジが笑うとき、権力者の笑いこそ一番大声であり、笑うことの強制を含んでいるのだ」。おそらく教授連のなかに、くだらんダジャレを飛ばしては大声で笑うアグレッシブな教授がいるのだろう。

また山内先生は、うるさい宴会が嫌いである。なぜなら宴会も権力者の独壇場となるからだ、というのである。「宴会は、権力を確認・拡大する場面であるから、宴会好きの人は権力好きの人であるということに必然的に帰着する。宴会やパーティーで披露される一番の目玉は、数々の料理、銘酒、お菓子ではなく、主催者の権力、いや権力の大きさなのである」「『威張るヤツが大嫌いなんだ』という人が、案外権力的であったりすることはよくある」

これも大学や学会や大学関係の宴会で、謙虚な振りをしながら、権力を見せつけたがる疎ましくもケチくさい輩がいるのだろう。ちょっと会社の宴会とはちがうようである。しかしどこの世界にも威張りたがりはいるものである。

しかし、このあとがいいのだ。「私は盛り下がっている宴会が好きだ。盛り上がる宴会を、たぶん日本人は昔から求めてきたのだろう。新入生に小ネタをやらせて皆で笑って盛り上がるのは新入生歓迎会の伝統的儀礼であるし、小さな盃《さかずき》で返杯《へんぱい》を重ねることで早く泥酔者を作ることが宴会の使命で、そういう盛り上がりこそ、神の到来として喜んできた「『どんどん盛り上がりましょう!』『盛り上がってますか?』と煽《あお》り立てることが、年配者の役割であるかの如く振る舞う人も多い」「無理して酔っ払って、無理して盛り上がって、そこに神を呼び込まねばならないのだ」

だから山内はこう断言する。「『盛り上がらない宴会』が私は好きだ。権力のご披露宴や権力センサー機器点検とは無縁だから」。しかし生憎《あいにく》、日本で「盛り上がらない宴会」は許されない。ばかのひとつ覚えの言葉が発せられる。「こちら、お通夜?」。そんなことにでもなったら、幹事はあとで叩かれることになる。わたしは宴会じたいが嫌いである。パーティーも好かん。わたしが無類の酒好きだったとしても、好かん。宴会やパーティーのなにがおもしろいのか。

先に触れた漫画の『最強伝説 仲根1』のなかに、主人公の仲根秀平は、友人たちが誕生日を祝ってくれているときでも、内心「誕生日…? ザケンなっ…! 何がめでてぇんだよ…! 人の誕生日にかこつけて騒ぎたいだけだろ〜が…!」といらつく場面がある。わたしにはこの「騒ぎたい」気持ちがまったくないのだ。いくつになっても友人や後輩たちが集まる誕生日会って、なにがうれしいのだ。

山内先生、ごめん。本筋でないところをおもしろがって。ちょっと自分で勝手に盛り上がってしまって、話がそれてしまった。元に戻そう。先生は「『なぜ』なしに元気を出せることが大事」といっているが、たとえ目的や意味がなくても「元気を出せることが大事」ということである。山内は、人生に意味がないのは「答えではなくて、出発点なのだ」という。「意味のなさとは自由ということだ。生きてみよという誘いの言葉だ」「意味がないのは、人生の大前提なのである」

そのとおりだと思う。それに、「人生」というと、掴み方が大雑把になる。どうしても、学校、就職、恋愛、結婚、家族……という節目節目が主となってしまう。だが、人生はそんなものではない。わたしとしてはよくやったよ、と総括して終わりというものでもない。人生が終わろうとしているときに、そんな総括をしても意味はない。人生は日々の一日に宿っているのである。日々の小さななすべきことの集積が人生を作っている。

人生は無数の選択と決断の連続

いまの小中高の学生生活がどんなものか見当がつかない。生まれたときからすでにパソコンとゲーム機とスマートフォンがあり、その点では、わたしたちの時代とはすっかり様変わりしている。友だち関係もなんだかめんどうくさそうである。関係が直接でなく、携帯が介在して、複雑そうだ。高校や大学で部活をする者がいる。何部に入るか。アルバイトをする者もいる。

大学を出ると、仕事を探す。どんな仕事がいいのか、選択し判断しなければならない。会社に入る。住むところを探す。アパートやマンションの両隣と上の階が静かならば幸運である。仕事で上司から叱責される。正当な理由によるものならいいが、嗜虐的《しぎゃくてき》な上司に目をつけられると悲惨である。この仕事を続けていいものか、それとも転職を考えるべきか。またいちから関係を作るのがめんどうだ。

もちろん学校でも、アルバイト先でも、会社でも、楽しいことはある。楽しいことはそのまま楽しめばいいだけだ。人生で問題なのは、日々の悩みと選択と決断である。仕事に慣れてくると裁量の幅が広がる。取引先と交渉し、仕入れ価格と数量を決める。案件を進め、客からのクレームに対応する。出張する。会議で発言し、納得させ、数年先の計画まで考える。成果を挙げなければならない。同僚や上司に考えや仕事のやり方が合わない者がいる。気に入らないが、向こうもそう思っているだろう。

転職していく者がいる。結婚退社する女性がいる。代わりの人が入ってくる。宴会や飲み会がある。給料の上がり幅は微々たるものだ。社長は人件費を抑えるのが仕事だと思っているばか経営者だ。会議ばかり開いている。それでなにかをした気になっている。決定が遅い。人事が気になる。同業他社との交流がめんどうくさい。表面は穏やかを装っているが、内心はけんか腰だ。毎日の通勤が嫌になる。ある者は、こんなはずではなかったと、派遣の仕事に就く。先が見えない。このまま人生が終わるのかと思う。

仕事だけではない。仕事以外にすることがない。趣味もない。おれの恋人は？　わたしの結婚は？　いつまでも独身の女性は「結婚しないの？」と訊かれる。それがいちいち煩わしい（作家の西加奈子は、結婚して一番よかったことは、「結婚しないの？」と訊かれることがなくなったことだといった）。他の人間は上手くやっているようではないか。自分だけなぜこうなってしまったのか。会社が左前になり早期退職勧告を受ける。やがて倒産。貯金などない。どうするのか。

どこまでこんなことを書きつづけるのか。もうやめるが、こんな無数の出来事や心配事が、中学一年から老後まで、少なく見てもざっと六十五年、およそ二万四千日つづくのである。まだまだこんなものではない。家庭なんかもった日には、親戚付き合いも含め、大中小の雑事が無数に出てくる。しかし、これらの一切合切が人生である。「人生は一行のボオドレエルにも若《し》かない」なんて、かっこよく嘯《うそぶ》いている場合ではないのだ。

そんな世の中で、わたしたちは絶え間なく大小の選択と決断をして生きていかなければならないのである。その一つひとつの対応の仕方によって人生の質がちがってくる。判断の間違いはあって当然である。やめておけばよかったか、やればよかったか、いずれにせよ後悔は避けられない。後悔してこその人生だ。

じつに簡単なことを知ることになる。自分は思ったほどの人間ではないということ。他人の悪意は許さないが、過失は許すしかないこと。地震や台風は人間にとっては災害だが、自然にとっては過失にすぎないから、受け入れるしかないこと。ケチくさいことをすると、心が曇ること。できるかぎり、責任を他に帰さないこと。保身をすると、心が汚れること。心がくすみ汚れる者はまだいい。札付きはそういうことに段々無神経になっていく。人間が腐っていく。腐っても、うすら笑いを浮かべる人間になる。

人生の往きがけでことごとくちゃらんぽらんにやりすごしておきながら、最後の還り道だけで、ちゃっかりと「よくやった人生だった」などと思うのは、いかにも虫がよすぎる。そんなことあるはずがないのである。

第三章

人生に無数の正解はある

得をしようとすると、心が汚れる

なんの意味も知らず、なんのためかもわからずに、この世に生まれてきたが、生まれてきたからには生きていかなければならなかった。いや、「ならなかった」という意識もなかった。もう、すでに一秒一秒を、一日一日を生きていたのである。世界はもうそこにあった、そこで、とにかく、生きる。

生まれてきたとき、人を騙《だま》し、暴力を振るい、人の金を奪うような人間になろうと思っていた者など、ただのひとりもいない。人を支配する力の関係なんかよりも、人と等しく並ぶ和合（親和）の関係のほうが、人間にとってははるかに「快」（しあわせ）であることはわかりきったことである。だがご存知のとおり、またご覧のように、人間社会はそうなってはいない。

そんななかにあっては、少なくとも自分はまっとうに生きていこうと思うほかなく、たいていの人はそうしている。まあ、まっとうに生きていこう、と意識しているわけではないが。人生とは一日一日の集積である。その一日一日を、自分の「快」（意味）を求めて生きるほかはないし、みんなそうしている。人間は自我をもった生き物だから、自分はいい人間だ、自分は正しく、よくやっていると思いたい。

しかし人間は放っておくと、自我自体の快を求めて暴走しかねない厄介なものだ。つい力の関係に陥ってしまいがちである。そんな人間が個々の「快」（楽）を求めて、それぞれが自分はいい人間だ、自分は正しく、上手くやっているといいはじめるなら、すべての人間の生き方が正解になってしまう。そんなばかなことはないのである。

やはり、正しい人生とそうでない人生との間に、なんらかの線引きは必要であろう。他人に迷惑をかけなければ、という縛りは、ほとんど縛りとして機能しない。たいていの人間は、自分のしたいことを優先して、「いけない」とわかってはいても、あっさり他人の迷惑など超えてしまうからである。

自分で自分を規制できないやつは、だめなやつだが、そんなことをいってもなんの効果もないのである。おまえみたいなパワハラ、セクハラまみれの恥知らずなやつも、正しいと主張するのか、という人間まで許容しなければならないことになる。いくつになっても、こういう自分が見えていない人間は少なくない。

そんなときに、自分の間違いを認めず、正当性を主張するために、法律をもち出すやつはアホである。アホだが強いのだ。なんでもかんでも、証拠はあるのか、というやつがわたしは嫌いである。嫌いだが、こういうやつはしぶとく生き残る。英語もろくすっぽしゃべれないくせに、「エビデンス」なんてことをいう国会議員が増えた。かっこいいと思っているのだろう。ちょっと前まで猫も杓子も「マニフェスト」だったが、いまではすっかり廃れてしまった。

証拠がなければ、ばれなければ、なにをしてもいい、と考えているやつも嫌いである。批判や罪から逃れるために、個人の権利を主張するやつも薄汚い卑怯者《ひきょうもの》である。権利は他人の権利を尊重する者にしか許されない、とわたしは考える。正しい人生とそうでない人生を分けるのは、自分で決めた掟《おきて》があるかどうかである。その掟では、自分が損をすることを課す。損をすることを決して避けない。心が汚れることを防ぐために。

こういうことが、わかるやつにはわかる。するやつは、する。わかってはいても、しないやつはしない。ばかでいいもんね、得したもん勝ちだもんね、というやつはいる。しかたのないことだ。わたしが好きな長谷川卓の時代小説に「戻り舟同心」シリーズがある。その高齢の主人公である二ツ森伝次郎。かれが岡っ引き修業中の変わり種の若い娘にいう。

「人は上の者にばかり目を向けたがる。だが、俺は逆だと思っている。上には逆らってもいいが、下の者は大切にする。そういった生き方を通してきたつもりだ」

「損ではありませんか」

「損かもしれねえが、得することばかりを考える生き方よりはいい。得をしようとすると、心が汚れる」（『戻り舟同心　夕凪』祥伝社文庫、二〇一六）

他人は止められない。掟を守らせることもできない。自分で自分を律するほかはない。反省することも、成長することも、なにかをはじめるのも、なにかを止めることも、自分で決めなければならない。人は外からいわれたり、指示されたりすると反発するくせに、自分ではなにもしようとはしない。心が汚れることにも気がつかない。

他人の正解は自分の正解ではない

自分の生き方とちがっても、だれにも迷惑をかけなければ、人のすることは尊重しなければならない。尊重しないまでも、非難してはならない。基本的にはそうである。株主優待券だけで生きている（ということは、九百社三億円の株券をもっているから山のように優待券が来るのだろう）桐谷広人氏（69）のような人もいる。かれは元将棋棋士で羽生善治棋士とも対局経験がある。優待券を使うために、見たくもない映画を見、食べたくないものも食べる。こういう人もいるのだな、と思う。

またこういう人間も出現した。もうなにをしても個人の自由（権利）だからというのか、「本気で愛しているから」と、バーチャル・キャラクターの初音ミクと結婚したいという三十五歳の公務員の男性である。結婚式を挙げたいと結婚式場に申し込んだら、式場はかれが真剣であることを知ってそれを受けた（二〇一八年末、実際に式を挙げたようである。かれは母親にも報告したという。ニコニコした好青年）。

こうなるともうなにがなんだかわからない。そういう生き方をとくに尊重はしたくない。といって、非難批判する立場でもない。お好きにどうぞ、と思うだけである。しかし、おれも初音ミクと結婚したいという別の男が現れたなら、初音ミクは重婚になるのか。まあ、なるわけがないが、ややこしいことだ。

だって、金ならあるぞ、とある人間がいう。なるほど、何十億円も貯め込んでいそうな男だ。それだけではないぞ、妻と子ども＋高級マンション＋外車＋海外大名旅行＋手下（後輩）＋社会的地位（有名）もある。これ以上の正解の人生、いやこれ以上の成功した人生があるか。もちろん正解でいい。もしかれが一日一日の暮らしのなかでいかほどか、人のために自我の抑制をしているならば、大正解だといっていい。

力の関係の原理が権力（金、暴力も含む）であるなら、和合（親和）の関係の原理は優しさである。優しさとは、人のためにいかほどか自我を抑制することである。そして自我の抑制とは、道徳や哲学の本で学ぶにせよ、人から諭されるにせよ、最終的には自分の体質となるくらいに、自発的意思でしなければならない。自分で恥じ入り、自分で気づき、自分で意思しない者は、なにをやってもだめである。

人生の世俗的成功を人生の正解とすることに異論はない。しかし、それはわたしが考える正解ではない。それはあくまでも正解のひとつでしかない。モノばかりを足していくこと、目に見えるものばかりを次々と足していくことは、日々暮らしていくには必要なことだが、それも事と次第と程度による。それらに鼻づらを引き回されないためにも、自我の抑制は必要である。

わたしは「食べ（飲み）放題」の「〇〇放題」が好きでない。それは自我（欲望）をその隅々まで一〇〇パーセント満足させたいという根性が好きでないから、ということのような気がする。それが飲み食いだけなら、また体育会の貧乏学生あたりがするのならまだいいが、いい年をして、欲望の最後の一ミリまで貪りつくそうというのはさもしい。「〇

○放題」が人間に対してでも、でなければ幸いである。
まっとうな人生はいくつもある。だが、わたしはたとえまっとうでも、そういうまっとうさを選ばない、ということがある。それを決めるのは、わたしの好き嫌いである。わたしはこういうまっとうさが好きである、そのような生き方は好きではない、ということである。理屈ではない。理屈はただの見せかけにすぎない。

a+b+c=X の正解は無数

モノをいくら足し算しても、見えるものをいくら足し算しても、それはたかだか人生の正解のひとつにすぎない。「大学」「会社」「結婚」「子ども」「家」……。それに、足したものもいつかは失われる。モノは購入したときから、気持ちのなかではすでに失われているといっていい。それはわたしの考える正解ではない。

わたしが一日一日の暮らしのなかで、足し算をしたいのは、目に見えないものである。現実を受け入れる+ウソはつかない+責任を取る+公正であること+損得で生きない+威張らない+謙虚であること、などである。そうありたいという意思も含んでいる。かっこいい、とか、もてる、などまったくどうでもいい。

恥を知る＋権力にふんぞりかえらない（どんな権力もないが）、も足しておきたい。いくらでも挙げられる。もう臆面もないのである。ふふ。おまえは聖人君子か、といわれそうだが、もちろんわたしは聖人でも君子でもない。そんな決まり文句で嫌みをいったつもりになられても困る。これまで生きてきたなかで、ひとりの聖人君子も見たことはない。わたしはひとりのふつうの男である。そしてひとりの男にすぎなくても、これくらいの覚悟はもてるのである。

女優の内山理名（わたしは彼女のファンである。彼女が奈良好き、というのもその一因）が自らに課した「美しく生きるための10のルール」というものを、偶然ネットで知った（「SportsnaviDo」二〇一八・八・二）。これは直接に「人生のルール」というより、日々の生き方や暮らしの心構えというものだろうが、人生がそうしたものの蓄積である以上、それらが人生じたいに影響を与えないはずがない。

人は欲求や欲望や感情のままに生きることができるのに、なぜわざわざ自分にルールを課す人がいるのか。それは他人や世間に流されず、自分を保持するためである。なにより、その自分自身の欲望に歯止めをかけるためである。そしてそのことが自分の気性に合っていて、気持ちがいいからである。また、欲求や欲望全開の「〇〇放題」の生き方より、深く生きるためである。自分の人生を薄汚い、醜いものにしたくないからである。それが「美しく生きるため」である。

本書の「まえがき」で、小平奈緒選手の三つの自立の言葉、「求道心」「情熱」「真摯」を紹介した。内山理名の場合、そのルールのもとにあるのはヨガ（ヨーガ）である。ヨガかあ？ と思わないでもない。女優や女性芸能人にヨガ好きは多いからである（一般の女性にも）。女性のチーズ好き、パンケーキ好き、サラダ好き、エスニック料理好き、韓流好きなどをわたしはちょっとばかにする傾向がある。だがもう見過ごすしかない。だれの迷惑にもなっていないからだ。内山はただの雰囲気派ではなく、本格派のように見える。インストラクターの資格ももっているようである。

彼女の「ルール」は、愛読書だという『ヨガスートラ』が説く「ヤマ・ニヤマ」の教えから来ている。ヨガ関係のウェブサイト（「EngawaYoga」）の解説によると、「ヤマ・ニヤマを実践すると自分を好きになる」「ヤマ・ニヤマを実践するとセルフイメージが上がる」「自信がつく、落ち着きが生まれる、状態が良くなる、肯定的になる、自分を許せる」などと書かれている。ちなみに「ヤマ・ニヤマ」は「ヤマ」と「ニヤマ」に分けられ、「ヤマ」は日常生活においてやってはいけないこと、「ニヤマ」はその反対で、進んで実行すること、やったほうがよいこと、とされている。

内山理名の「美しく生きるための10のルール」

その内山理名の「美しく生きるための10のルール」とは簡単に抜粋すると、こういうものである。彼女のコメントとともに示しておこう。

「1．不害／アヒムサー」（「人に対して害を与えるエネルギーをつくり出さないようにしています。たとえば怒らないとか」）。「2．正直／サティヤ」（「無理をせず、心も体も自分の声をちゃんと聞ける自分でいたいなと思います」）。「3．不盗／アスティア」（「遅刻も相手の時間を盗むこと。時間泥棒と知ってからは、いっそう時間を守るようにしています」）。「4．禁欲／ブラフマチャリア」（「恋愛は相手との間でさまざまな経験をしていくものですが、いつも誠実ではいたいなと思っています」）。「5．不貪／アパリグラハ」（「昔に比べて自分に必要ではないと思える欲はなくなりました。ある程度の欲は向上心にもつながるから必要かなと思いますが、欲深くはならないように意識しています」）。

正直と不貪、がいい。この五つのルールだけでも忠実に守ろうとすると、友人たちとの付き合いに多少支障が出るかもしれない。人はルールをもって生きている人間を理解しようとしないからである。こういう人間を理解する寛容さをもっている人は、いい友人である。残りの五つのルールはこのとおり。

「6．清浄／シャウチャ」（「日常生活でいちばん気をつけているのがコレ。身の回りを掃除し、体を清潔にしていたら気持ちいいので。玄関や水回りの掃除も欠かしません」）。「7．知足／サントーシャ」（「洋服や靴も、昔はちょっとしたデザインの違いでも購入して楽しんでいたけど、今考えるとそのこだわりってそこまで重要じゃないと気づいて。吟味して本当に欲しいものを買います」）。「8．苦行／タパス」（「私にとっては仕事かな。（略）いいものをつくりたいからこその苦行だと思っています」）。

「9．読誦／スヴァディアーヤ」（「私は『ヨガスートラ』がとても好きで、枕元にいつも置いていて、寝る前にちょっと読んだり、ロケ先にも持ち歩いたり。一生手元に置いておきたいなって思います」）。「10．祈念／イーシュヴァラ・プラニダーナ」（「いつからか新月と満月に祈りと感謝を捧げるのが習慣に。新月には願いや目標を思い描いて、満月では叶ったことに感謝するんです。すると、今月は実現できて感謝することがこんなに、と驚くことも多いんですよ！」）。

立派なことである。自分の好き嫌いがはっきりしている人や、このような「ルール」で自分を律する人がわたしは好きである。わたしがサッカー選手の長谷部誠やお笑い芸人の若林正恭が好きなのもそういう人間だと思うからである（ただ有名人や芸能人は、この人はいいな、と思っても、やっぱりその世界の人間だったか、とがっかりすることがある）。「健全なる精神は、健全なる肉体に宿る（宿れかし？）」がほんとうかどうかは知らないが、ヨガの基本は身体運動であるから、下手な観念だけよりはよほどいいことだ。

人生の正解の三条件——誠実、力を尽くす、負けない

どのような人生なら正解といえるだろうか。生きるスタイルだけでは決まらない。家族をもとうが、ひとりで生きようが、会社に勤めようが、個人で仕事をしようが、生涯旅をつづけようが、生きるスタイルは無数に想定できるからである。これらは自分の意思だけで、できることではない。結局、正解の条件は自分の意思で決められるところに求めるしかない。すなわち生きていく上での規範（信条）である。

わたしはこう考える。すなわち、対人関係において、誠実であること。仕事においては、力を尽くすこと。自分に対しては、負けないこと。ようするに基本的に、すべてにおいて真の意味でまじめであること、である。抽象的でおおざっぱな三戒だが、この姿勢で生き

ていくなら、どんなスタイルであろうと、その人生は正解だといっていい。

「まじめ」は少なくともわたしが生きているここ七十年間、日本の社会で評価された試しがない。おそらくそれ以前もそうだったのではないか。つねに小ばかにされる。舐められる。つまらない人間、おもしろくない人間の代名詞（おそらく全世界的に）となっている。それゆえ、「まじめ」といわれることは恥である。いわれた人間は懸命に否定する。いわれないようにとふまじめさを強調する。

まじめは、なぜか人を不快にさせるようだ。まじめな人に自分たちがばかにされているのではないか、と気になるのだ。目ざわりだから、自分たちとおなじレベルまで引き下ろそうとする。まじめを小ばかにする人間は、自分たちがどれほどふまじめかをアピールするが、どの程度のふまじめかというと、せいぜい下ネタをいうか、女遊びをするか、酒を飲んでばか騒ぎをするか、ぐらいのことである。日本で酒を飲むということは、純粋に酒を楽しむというよりも、ふまじめ、豪快、大物、と見られたいという自意識が混じっている。そんなに、ふまじめ、といいたいのなら、人の一人や二人、殺しておけよ。もちろん冗談だが。

スズキの新車・軽ワゴン「スペーシア ギア」のCM。キャンプ場で三人の実直そうな会社員が、これから来るもうひとり（ムロツヨシ）の噂をしている。「あいつどんな車に乗ってくるんかな？」「まじめなやつだからな」。ムロが「はい。全力で取り組みます」といいながら、上司に九十度のお辞儀をしている映像が挟まる。「車もまじめなんじゃね？」。そこにムロが乗った「スペーシア　ギア」到着。三人「あれ！　遊びごころあるなあ」。

　どこかの通俗的なCM作家が書いた脚本なのだろう。「まじめ」の一般イメージそのままである。遊びごころなどない、おもしろみのない「まじめ」。

　誠実であることとは、信頼の元である。人を大事にする、ウソはつかない、公正であること、威張らないこと、謙虚であること、損得で生きない、恥を知ること。誠実も、まじめと同様、あからさまに使うことが躊躇《ためら》われる言葉である。ひとつは、そんな人間はいるはずがない、ということである。もうひとつは、だれだこんな言葉を使ってるのは、おまえか、笑わせるんじゃないよ、という火の粉をだれも振り払えないからである。現実にいるのは、誠実を装ったろくでなしか、誠実を装おうともしない人間のくずばかりである。

　だが、たとえば、白洲次郎は、ぼくは心がきれいだから、といった。そんな人間はいるよ、おれだ、といったのである。これは豪語だろうが、白洲にとってはただの事実にすぎない。こういうことをいえば、人にどう思われるかといった余計な考えは白洲にはなかった。人は、ここまで自分に自信をもつことができるのである。

誠実とは自我を低くすることだ。自分を他人のように見ることであり、保身をしないということは、自分を公正さのまえにさらすということである。人は自我の満足を最大限得ようとし、自分を守るためにはどんなことでもするものなのに、なぜ自我を低くし、自我を制限するのか。それにより気が落ち着き、気が済むからである。

仕事に、自分の力を尽くす（手を抜かない、といってもいい）。人間がなしうることのなかで、最高のことである。日本の職人の極みだが、そのなかで仕事にはゴールがないことと、責任を学ぶ。結局、誠実な人間がいい仕事をするのだ。仕事に力を尽くすことは究極の自己満足である。だれが満足しても自分が満足しなければ完成ではない。自己満足はふつう程度の低いレベルで満足することだが、この究極の自己満足は自分の成長を促す。

とりあえず、このふたつを正解の条件としたい。というのも次の「負けないこと」はかなりハードルが高いからである。わたしにはちょっと自信がない。

負けない。運命に負けない。人に負けない。自分に負けない。お金に負けない。境遇に負けない。事件、事故、災害に負けない。言葉にすれば簡単なことだが、実際には途方もないことである。もう無理だと、諦め、放棄してもしかたがない。しかし同時に、人間は

こ

とができるかどうか、ほとんど自信がない。だが意気地がないのはわたしだけで、人は意外に強いものだと感心する。深刻な病にも負けない池江璃花子《いけえりかこ》選手みたいな人がいる。直腸がんに冒されながら奈良の景色を撮りつづけている映像作家の保山《ほざん》耕一氏もいる。つい有名人に視線が行くが、大災害で両親を失った子どもや、子どもを亡くした親や、家族すべてを失った夫や妻など、無名の多くの人たちがいる。

「負けない」覚悟とか「耐える」自信があるかどうか、など関係がないのだろう。おそらく一日一日をじっと耐え、生きることが、負けないことだった。ただ時間に耐えつづけること、それ以外に負けない方法はないように思われる。そして、それならわたしにもできそうである。もちろんいまも耐えつづけている人にとって、簡単なはずがなかった。どれだけ涙を流したことか。自暴自棄になってもおかしくはなかった。

実際、一時的にそういう心理状態になった人がいたかもしれない。だがそうなったあとで、やはりそういう自分は嫌だと、もう一度自分に還ってくることができた人がいるだろう。そうなる寸前で踏ん張った人がいるだろう。そして、もう一日、もう一日と、生きたのだろう。もうその一事だけで、あなたは断然正しい、といいたくなる。

自分が正しいと思えないと気持ちが悪い、ということがある。気持ちの上で正しくないと思うと、正しいことができない。正しくないと天下を晴れて歩けない。正しくないと父母に申し訳が立たない。むろん、まじめでなければならない、ということはない。人生はもっと楽しく、チャランポンで、適当でいいのではないか。もちろん、そのように生きたければそうしてもいい。それが好き嫌いである。ただ、一生それで生きてみるといい。高田純次の「適当」は仕事なのである。

(なぁんだ！　これでいいのか)

表紙が好みで、タイトルにも惹かれたので、森下典子『日々是好日――「お茶」が教えてくれた15のしあわせ』（新潮文庫、二〇一八）を読んだ。帯には、わたしの好きな市川実日子《みかこ》の推薦の言葉、解説はこれまた好きな柳家小三治《やなぎやこさんじ》が書いている。もう読むしかない。わたしは定年後十一年、もう好き嫌いだけで生きている。あれこれ理屈をこねても、人も本も生き方も、結局は好き嫌いだな、と思っている。

こちらは森下の自伝的エッセイで、「15のしあわせ」である。森下は二十代半ばのとき、まだ出版社でアルバイトをしていた。

まわりは『就職』『結婚』『出産』と人生の駒を進めているというのに、私はまだ就職もできず、まごまごしている。家にいると、親から連日、

「ちゃんと就職しないなら、もうお見合いでもして、結婚しなさい」

と、責められる。女子大生時代は「一生できる仕事を持って、自立するんだ」と意気込んでいたのに、結局、自分は何者でもない。週刊誌のアルバイトだって、いつまであるかわからない。

自分だけ、人生の本番が始まらないような気がした。いつまでたっても、スタートラインにすら立てない。（略）

走らなければいけないと、じりじりする。だけど、いったいどこへ向かって走ればいいのかも、わからなかった。

森下典子は一九五六年（昭和三十一年）生まれだから、二十代半ばといえば、このときは一九八一年（昭和五十六年）頃だろうか。まだ「女のしあわせは結婚」と信じられていて、親か

ら結婚を強くせかされる時代だ。相手の男云々よりも、世間体の「結婚」という観念が頭に刷り込まれているのだ。結婚をしたらしたで、孫はまだなの？　といわれる時代である（いまでもあるだろう）。男女雇用機会均等法が成立するのが一九八五年だから、それ以前のことである。森下は習い事をしていても年月が経つにつれ、迷いが出てくる。

お茶を始めて十三年。「稽古が深まるほどに、自分が茶道に向かないことを思い知る。『水を得た魚』のような人たちを見れば、自分が『魚』でないことが、なおさら、はっきりとわかる。／私の居場所は、ここでもなかった……。／（自分に向いてないことを、十三年もしてきたなんて、ばかだなあ）／私は、自分に苦笑した。／（お茶、やめる）／平成元年、秋の終わり、その決心は、自然についた」

ある日、先生の家で「お茶事《ちゃじ》」が開かれることになった。森下はその「ご亭主」の役割をまかされることになり、その重大な役割を果たし終えたあとの、とある日。濃茶を味わい「茶碗から顔を上げた時、私の細胞の間を緑の風がサーッと吹き抜けたような気持ち良さがあった。後味で、唾液までとろりと甘い」。これにつづく次の部分がいいのである。

（なんて幸せなんだろう）

お点前をしまいつけ（片づけること）、雪野さんが立ち上がって、障子戸を開けた。

すると、廊下の向うのガラス戸越しに、底の抜けたような青空が見えた。高く高く吸い上げられてしまいそうな気がした。

（はーっ、気持ちいい）

その空に向かって、深呼吸と一緒に、自分をとき放した。

その時、自分の中で声がした。

「このままで、いいじゃないか」

（え？）

「いつやめても、かまわない。ただ、おいしいお茶を飲みにここに来る。これまでだって、ずっとそうだった。そのままで、いいじゃないか」

自分の中から聞こえるのに、空から降ってきたみたいだった。

「やめる」「やめない」なんて、どうでもいいのだ。それは「イエス」か「ノー」か、とはちがう。ただ、「やめるまで、やめないでいる」それでいいのだ。

（そうだ、気がきかなくてもいい。頼りにならない先輩でいい。自分を人と比べない。私は、私のお茶をすればいいのだ）

背負っていた荷物を、私は放りだした。ふっと、肩の力が抜けて身軽になった。私は、体一つで、そこに座っていた。

(なぁんだ！　これでいいのか)

人生のシッポを摑まえた瞬間といってていいのか。あるいは、生き方の中心を摑んだといってていいのか。「自分を人と比べない。私は、私のお茶をすればいいのだ」「なぁんだ！これでいいのか」。そう、それでいいのだ。「なぁんだ！」には、こんなにも単純なことだったのか、という驚きがある。それを頭でわかったのではなく、体感したような真の納得がある。「なぁんだ！　これでいいのか」は人生の真理のひとつである。

よけいなことは考えなくていい。それは、世間から考えさせられていたのだ。そうではなくて、自分は自分でいいのだ、自分の生き方はこれでいいのだ。その前に「はーっ、気持ちいい」がある。世間体や他人との比較や、自分自身への決めつけから解放されて、自分に素直に還ってくることができたとき、本来の「快」に遭遇したのである。

「男(女)らしさ」は規範としてまだ有効か

誠実、力を尽くす、負けない、の下に、わたしの個人的な規範として「男らしさ」がある。「男らしく生きる」というのは、わたしの定義では、人の嫌がることはしない、いわない、ケチくさいことはしない、弱い者いじめはしない、ウソはつかない、約束は守る、チンピラ言葉は使わない、人を支配しようとしない、公平や公正を心がける、泣き言はいわない、などである。

では女性の生きる規範として「女らしさ」はあるのか、それはどういうものか、有効なのか、と問われるとありそうな気はするのだが、その定義を述べよ、といわれると、途端にわからなくなる。包容力だとか、優しさだとか、たおやかさだとか、いってもなあ。先に挙げた「男らしさ」の要素は、「女らしさ」といってもいいもので、だとするとあの両性具有の「人間らしさ」でいいじゃないか、というところに落ち着きそうである。そう、いまさら「男らしさ」も「女らしさ」もない、というのはわかっているのだ。

なのに、わたしのなかから「男らしさ」の意味は消えそうにもない。「人間らしさ」は好きではないし、「自分らしさ」はもっとうろんである。男らしさ、女らしさは捨てがたいのだ。世間には世間の「男らしさ」のイメージがある。酒豪で、腕力が強く、清濁併せのみ、いわゆるぶっきら棒でチンピラ口調で、口は悪いが、その実、心は優しい。あまりにもベタすぎるだろうが、わたしはこんな男があまり好きではない。

　増田俊也は「男らしさ」や「女らしさ」はいずれ死語となるかもしれないが、それでも『男らしさ』や『女らしさ』を恃《たの》むことは、他の何か、たとえば学歴や金銭、あるいは人種や家柄などを誇るより、よほど爽やかなことだと思う」といっている。同感である。またこうもいっている。「百万人の女から『格好いい』と言われるより、一人の男から『男らしいやつだ』と思われたい」（『男を磨くための31章』PHP研究所、二〇一八）。これまた同感だ。

　じつにいい言葉だが、わたしは数人の女性からさえ「格好いい」といわれたことがない。

　ヒスパニック系や黒人の犯罪者にインタビューしたテレビ番組があった。若いかれらが口々にいったことは、腕力が強いとか暴力を振るうこと（あるものは自分の弱さを隠すためにといった）が「男らしい」と思っていた、ということだ。それに縛られていた、と。そのうちのひとりは、それを「有毒な男らしさ」だった、といった。人を助けず、自分も助けず、ただ他人と自分を毀損《きそん》するだけの「毒」でしかなかった、ということだろう。このような古い「男らしさ」の固定観念はいまだに多くの男に残存している。

　たしかに「力」は「男らしさ」のひとつの要素ではあるが、「力」の使い方を間違えると、「男らしさ」などただの「有毒」であり、「有害」でしかない。ましてや筋肉の露出やタトゥーや強面《こわもて》のふりといった「力」の誇示など、男らしさでもなんでもない。頭が悪いだけである。

二〇一八年、やたらと「男」を連発してマスコミをにぎわした男が出現した。日本ボクシング連盟会長の山根明氏である。「男としてのけじめ」「男の花道」「歴史の男」などと連発し、「男・山根」「一匹狼」「カリスマ」と自称した。七十九歳。かれの発言を聞いて、「男らしい男だなあ」と思った人間はただのひとりもいなかったであろう。

かれが「男」を連発すればするほど、小権力をにぎって舞い上がった、最も男らしくない男になっていったのである。かれは、自分で「男」を連発すれば、みんなが「男らしい」と思ってくれるはずだ、と思ったのだろうか。かれはふてぶてしい態度、威力で人を従わせることといった、つまらぬ「男らしさ」にとりつかれているようである。

日本ボクシング連盟の不正や改革がそのままうやむやに終焉しかかった八月、山口県で行方不明になっていた二歳の男児を、警察が毎日百数十人かけて捜して見つからなかったのを、ボランティアに入ったわずか三十分後に発見した男性が一躍有名人になった。尾畠《おばた》春夫氏、奇しくも山根氏とおなじ七十九歳である。

かれは六十五歳まで鮮魚店を営み、その後は社会への恩返しとしてボランティア活動に精を出した。自家用車を駆ってどんな被災地にも行き、車で寝泊まりをする。金も地位もない。「口約束も契約」とか「かけた情けは水に流せ、受けた恩は石に刻め」と名言も口にしている。尾畠氏は「男らしい」か。とてもそんな言葉ではあらわせない。本人も、やめてくれよ、というにちがいない。

もう、わたしは「男らしさ」という概念を諦めよう（「男らしさ」という言葉は使うだろうが）。そもそもは、日大アメリカンフットボール部の不祥事が発端だった。男らしくない男たち。内田正人監督（63）、井上奨《つとむ》コーチ（30）、日大理事長の田中英壽《ひでとし》氏（72）。たいがいの男はこんなものである。わたしの「男らしさ」は世間の定義とはちがう、といっても通用しないから、もう諦めた。

ケチな男は政治家や経営者にも多い。かれらが「男らしく」ないのは、だれの目にもあきらかである。むしろ、逆である。わたしはかれらを、最も男らしくない男といいたいが、そういうとまた「男らしさ」とはなんだ、となるから、いわない。

それでも「おわら風の盆」で編み笠を目深に被って踊る女性陣や、「阿波踊り」で、やはり編み笠（「風の盆」より浅い）を被った女性の踊り子たちが団体で踊る総踊りなどを見ると、絶対に「女らしさ」というものはある、と強く思う。あれは艶めかしさか。まあ艶めかしさでもいいけど、「女らしさ」は憧憬としてでも残りつづけるだろう。もう「男らしさ」はいらない。ばかすぎる。

ＩＫＫＯの父親の人生

成功することや有名になることは結果でしかない。人生の決算からすれば、褒められる生き方かもしれないが、人生の正解という観点から見るなら、成功や名声などはなんの意味もない。ただの結果である。

ＮＨＫ「ファミリーヒストリー　ＩＫＫＯ～炭鉱の町から　父と子の葛藤」（二〇一八・三・十四）で美容家のＩＫＫＯの父親を取り上げていた。母親は美容院経営。父親は成績優秀で工業学校進学後、戦後大手化学メーカーに就職。しかし三年で退職し、タオルメーカーの営業職に就いた。結婚したが、全国出張の激務に体を壊し、家族とともに田舎（福岡）に戻る。

その後回復したが、仕事はパンの仲卸に就いた。子どもは女三人と長男（ＩＫＫＯ）の四人。父親はＩＫＫＯを野球選手にしたかったらしいが、ＩＫＫＯは父になじめない。学校でいじめられた。父親はパンの仕事だけではなく、乳酸菌飲料の宅配も手掛けた。まじめ一徹で「家族のために生きた」。

そんなとき、親戚から心ないことをいわれ、IKKOは傷つく。「（父の仕事は）日雇いだっていわれたんですよね。そんなに父はみっともないことしてるのかなって。子どもながらにすごい嫌」。職業に貴賤《きせん》はない、というのはこういうときにいう言葉である。その親戚だって大した仕事をしているわけではないはずだが（大した仕事をしていたとしても）、人はとかくそういうことをいいたがるものである。

パンの仲卸業は廃業、かわりに電気料金の集金の仕事に替わり、朝から晩まで働いた。次女は父の姿を覚えている。「父が身寄りのない独り暮らしをしている所に集金に行った時に、ずっと菩薩《ぼさつ》様のように話しかけてあげているんですよね。その姿を見てたら、人に対して本当に優しい人なんだなと思って」。人に慕われた。

しかしIKKOにはまだわからなかった。「もっとお父さん要領よく生きて、もっと違う道を選んでいけばいいのにって、すごく思ってました。子どもからすると、何か目に見えて父の成功っていうのは感じたことはなかったですから」。恥じたのである。

IKKOは上京して美容の道に進み、やがてわずか三十歳で独立、ヘアメークの事務所を立ち上げる。「私が成功を積んでいくじゃないですか、少しずつ」。人はそれを成功と呼ぶ。三十五歳、女として生きるとカミングアウト。「どんだけ〜」のフレーズでタレントとして全国的に人気が出る。

「父の仕事が嫌だったんではなくってね、毎日何かをやってお金をもらう日銭商売が悪いって言ってるんじゃないんです。当時、定職がなくていろんな仕事を掛け持ちしながらやって日銭を稼いでいくっていうのが、やっぱり、あの言葉が私にとっては親戚からすごく蔑《さげす》まれるようにね言われたことが、何でこんなに親戚からも言われなきゃいけないんだろうってことが、私の中にコンプレックスになっていくんですよね」

父親はがんで七十八歳で死去。葬儀には乳酸菌飲料や電気料金の集金で訪れた多くの家庭の人たちが参列したという。「『お父さんに生前中に私たちすごい優しくしてもらったから、私たちもお線香をあげさせてもらっていい？』って。ああ、それが父が収めた成功だったんだなって。だから私も生き方を改めようと思ったんです。人の心に目に見えての成功がすべてじゃなくて、人の心の中に残る成功もいっぱいあるんだって」

ＩＫＫＯの父親の人生は、非の打ちどころもなく正解であると思う。かれ自身がどう思っていたのかはわからない。ＩＫＫＯは「成功」という言葉にこだわっていて、ほんとうはそんなことはどうでもいいのだが、いわんとしていることはわかる。懸命に生きた立派な人生、といいたいのだと思う。ただちょっと無理をしているように見える。父親の生涯を本心から「成功」と思っているとはいいがたい。やはり、自分の社会的な「成功」のほうがよっぽど上だ、と思っているはずである。

だが、世の中のほとんどの人は（この番組を見た視聴者の大半は）、地味で目立たない一生を送っていて、ＩＫＫＯは、そのような人々への〝大人のマナー〟として、地味な目に見えない「成功」を讃《たた》えているように見えるのだ。ＩＫＫＯの父親の人生と、ＩＫＫＯの人生。正解に勝敗はない。人間のできることはたかが知れている。「生き方を改めようと思った」がほんとうにそのとおりならいい、と思う。

正解の人生が楽というわけではない

人生は結果ではない。どこまでも、姿勢である。そのことを教えてくれた事件がある。十七年前、二〇〇二年（平成十四年）の雪印食品牛肉偽装事件。輸入牛肉を国内産として偽装。そのことを内部告発したのが倉庫会社西宮冷蔵の水谷洋一氏（当時四十八歳。現在六十五歳）。報道カメラの前で「社会悪が西宮冷蔵倉庫内で行われようとしておりますことに対して、誠に遺憾の意を感じる次第」と語った。

この発言をきっかけとして、他の会社でも同様の不正が次々と発覚した。業界に長年はびこっていた不正である。それに水谷氏はひとりで立ち向かい、世間は水谷氏の行為を称賛した。全国から二千以上の支援の寄付や手紙が届いた。

息子と娘も応援した。告発当時、中学生だった娘の真麻さんは「他の人のために自分を犠牲にしたという感じでそういうとこはカッコいいな」と思った。しかし予想もしなかった仕打ちが水谷氏を待っていた。多くの得意先が取引を断ってきたのである。国も、告発するまでは不正を黙認していたとして、あろうことか西宮冷蔵に行政処分を科した。そんなことなら不正を黙っていたほうがよかったのではないか。

会社の経営は悪化し、電気も止められた。真麻さんは高校進学を諦めた。告発の三年後、彼女はマンションから飛び降り、一命はとりとめたが重い障碍《しょうがい》を負った。いまでも寝たきりの生活で、水谷氏が介護する日々である。娘の悩みに向き合うことができなかった水谷氏は「父親としては失格」という。妻（母親）は事件前から別居しているようである。

水谷氏は父親から倉庫業を引き継いだ。最盛期の年商は二億円。社員は二十人以上いたという。それがあの事件と告発によって一遍に崩壊した。「普通に自然に生きていたやつが、なんで巨悪に踏みにじられ、負けて、抹消させられなければいけないのか。本当は、

本当は、本当は、悔しい」。「巨悪」とは水谷氏に不正を強要し、他の業者に西宮冷蔵と取引をやめるよう圧力をかけた巨大企業である。

息子の甲太郎氏（37）が会社経営を引き継ぎ、再建に奔走してきた。新しい取引先を開拓し、一時はやっと元の七割まで業績を回復させた。ところがである。六年前、ある大口の取引先からまたもや不正行為に加担するように求められたのである。かれは拒否した。

「自分に一本、筋を持って生きて、信念とかそういうのはおやじ見て学びましたんで、一本、筋を通して生きていかないと」。だがその結果、またしてもその取引先を失い（そこは別の、いうことを聞く会社を見つけたのだろう）、圧力がかかったのか、他社も次々離れていったという。

と、録画した映像を見ながら、「〜という」と気楽にわたしは書いているが、西宮冷蔵にとっては真に死活問題である。現在、会社は休業状態で、借金は億単位に膨らんだ。甲太郎氏は別の倉庫会社で働くようになった。いまでも支援してくれる人たちは少数ながら、いる。しかし甲太郎氏は「社会正義っていうんですかね。そういうのを託されてるってよく（父親は）いうんですけど、難しいですね。なんていったらいいかわからないです」と力なく笑う。その心境は甲太郎氏にしかわからない。「逃げれるんやったら逃げたいです。

ほんまに。なにもかもやめたいけど、それはできへん」

洋一氏は「負けへんで!!西宮冷蔵」と刺繍《ししゅう》したダウンジャケットをいつも着用している。かれは支援者たちに寄付や支援を求める手紙を書く。それだけしかいまはできない。娘は不自由な口で「ごめんなさい、パパ」という。父親は「負けたくねぇ。負けたくねぇ」と自らを叱咤《しった》する。二〇一八年の夏にも倉庫が差し押さえられる恐れがあるという。息子は淡々と語る。「すべて終わったわけじゃないからなんともあれやけど、まだ場所はあるんで、そういう精神だけは消さずに、っていう感じかな」（二〇一九年二月、同社のHPを見てみたが、まだ大丈夫のようである）

洋一氏が、子どもたちがまだ小さく、家族がしあわせだった頃の昔のビデオテープを見る。父と母と娘と息子。親子四人の元気そうな映像が映し出される。人生とはつらいものだ。もう二度とあの楽しかった頃に戻ることはできない。「いつかはなんとか打開して、この美しい桜花の季節というときが、必ずや来るであろうと信じて生きていく」（NHK「事件の涙 Human Crossroads〝正義の告発〟家族の16年～雪印食品牛肉偽装事件～」二〇一八・五・二）

正解といえば、これ以上の正解はないと思えるほどの、正解な人生ではないか。天に恥じることはなく、人にもなんら恥じることはない。だが、こんな正解にどんな意味があるのか、とも思う。これは正解、とハンコを押して、わたしはなにをやっているのだ。わたしが正解の人生に「負けない」という条件を強く押し出せないのは、わたしが水谷氏のような行動を取る自信がないからである。

水谷氏は会社を失い、家族は窮境《きゆうきよう》に苦しんでいる。このような場合、力の弱い正義はほぼ一〇〇パーセント負けるのである。人生の正解などどうでもいいから（ほんとに、どうでもいい）、水谷氏は十七年前どのように振る舞えばよかったのか。どのように振る舞うことが正解だったのか。

水谷氏は告発する前に、このような結果は予想もしなかったはずである。とくに娘さんの自殺未遂は考えもしなかったことだろう。もしわかっていたなら、告発できたか。できたはずもないし、またしなくていいと思う。

第四章 まっとうな人生を阻害する社会

人間のすることは仕事だけ

人生の正解の三条件として「誠実」「力を尽くす」「負けない」ということを挙げた。「誠実」「力を尽くす」は、自分の意思次第でできることである。しかし「負けない」には、自分の境遇や挫折に負けない、というほかに、世間に負けない、という意味もある。境遇や挫折に負けないというのも、なかなかにしんどいことだが、問題は我慢するか克服するかで、単純である。しかし世間で問題となるものは「人間」と「お金」だが、このふたつは、まっとうな人生を腐食《ふしょく》させることがある。

だれもが、まともな、いい人生を送りたいと思っている。しかし、ときとして「人間」と「お金」が障害となる。そして貧すれば鈍する、金持ち喧嘩せず、というように、お金の欠乏は心に逼迫《ひっぱく》感を生じさせ、潤沢なお金は気持ちに余裕をもたらす。と思ったら、そうでもない。貧すれば鈍する、富めば富んだで醜くなる、が正しい。必要以上に金に価値を置きすぎると、金に汚くなったり、金に鼻づらを引き回されることになる。

人生に、最初から最後までついて回るのは人間関係とお金である。人間関係はいざとなれば切って切れないことはないが、お金は切っても切れない。死ぬまでついて回る。諸悪の根源だが（最も必要な基でもあるが）、しかたがない。なぜ切れないかといえば、いうまでもなく、わたしたちが生きていかなければならないからである。もう食えなくなって進退窮《きわ》まった、死のう、とあっさり死ぬことができるなら、お金とは縁を切ることができる。だがそれも無理な話である。

だから、極端なことをいえば、人生で唯一しなければならないことは仕事だけである。それ以外のこと、たとえば結婚や家族や車や一戸建てをもつことなどは人生にとって必要不可欠なことではない。これらは自分が生きていくお金があってのことである。仕事の最低限の意義はお金を稼ぐことである。自分の食い扶持《ぶち》（お金）は自分が働いて稼ぐのが鉄則である。もちろん仕事の意義はそれだけではない。なんらかの使命感によって、仕事が自己目的になることがある。金の問題ではない。自分のためでもない。仕事を極めること、ないしは他人のためである。

それでも生活資金としての意味が一番である。働きがいのある仕事、やりがいのある仕事、という意識は、現在にあっては当然の意識であるが、元々は贅沢な意識である。それがわかっているから、小学校の頃からすでに、将来安定した収入が保証される公務員がいい、なんて子が出現するのである。それはまた、人生の「しあわせ」は、安定した収入が必要最低限と考えられていることをも意味する。「しあわせ」がなにかは、人それぞれか、それともだれもわからないかだが、お金は最低限の必要条件であろう。

『子連れ狼』で知られる漫画原作者・小池一夫はこのようにいっている。「仕事でお金を稼ぐということは、自由を手に入れるということ」であり、「働くことは大人の特権」である。なるほど、仕事が大人の「特権」とは考えたこともなかった。わたしは学校を出たら働くのがあたりまえ、と考えていただけである。「義務」だとも考えなかった。

金を稼ぐ額が増えると自由度が増すというのは、六畳間のアパートよりマンション、普通指定席よりはグリーン車、国産の軽よりはメルセデス、国内旅行より海外旅行ができるようになるということで、それはたしかにそのとおりだが、それも自由の考え方次第である。所詮、五十歩百歩ではないか、といえばそうなのだ。こういうふうな考えは、小金を貯めた人間の発想である。高額なものは安いものより無条件に上と信じている。

「よりよい仕事を選ぶ権利が誰にでもある」「嫌な仕事をしなくてもいい」「死ぬまでやりたくもない仕事で身も心もすり減らす」ことはないと小池はいう（『人生の結論』朝日新書、二〇一八）。わたしも、どんなブラック企業でも我慢しろ、なんてことは思っていない。だが、一般化はずさんになりやすい。「やりたくもない仕事」などといえば、たいがいの仕事がそうである。

小池一夫は、大学卒業後、小説家、弁護士（司法試験三度失敗）を目指したが、諦め、その後、農林省、雀荘の店員、船員、ゴルフ場勤務と職を転々としたが、三十歳を過ぎて劇画作家という仕事を見つけた。だから二十代や三十代で人生を諦めるな、という。小池は自分ができたんだから、というのだろうが、しかし小池の経験がだれにでも当てはまるわけではない。小池にしか当てはまらない。

二十代や三十代で人生を諦めるな、というのはそのとおりである。職を転々として上昇する者もいるだろう。だが、その多くは下降していくのではないか。「他の場所では成功できたという話はたくさんある」というが、「成功」を目標に据えるというのが間違っている。どんなときでも、生きていくために稼ぐというのが根本である。そのためにはどんな仕事でもいいというわけではないが。

お金の満足分岐点

お金は人生に必須である。「しあわせ」とやらになるにも必要である。しかし人は闇雲にお金が欲しいというわけではなかろう。いや、欲しいことは欲しいだろうが、欲しても叶うとはかぎらないからである。何億円、何十億円の収入、何百億円（それ以上）の資産をもっている人がいる。でたらめである。でたらめだが、世界はそのようにして成立している。けれども、より多くの人にとっては、自分の生き方や暮らしに合わせた、だいたいのお金の満足分岐点というものがあると思われる。

まあないかもしれないが、わたしにはある。こういうものだ。まず住むところがあり、ふつうの食事ができて、タバコ代と少々の本代と喫茶店のコーヒー代、昼食代とたまの映画代と交通費、あとは年に二回ほど国内旅行ができるくらいの額があれば満足である。年に何百万とははっきりいえないが、そのあたりがわたしの満足分岐点である。高級な食事も車も酒もゴルフ代もクルーズ旅行もいらない。次の項に見る蛭子《えびす》能収《よしかず》のような、ギャンブル代など一円もいらない。

お金はその程度あればいい（贅沢な言い草かもしれない）。それが無理になれば、食費とタバコ代と本代を削る。次に旅行を一回にする。満足分岐点はそれ以上いらない、という金額のラインではない。それくらいあれば十分である、ということだ。つまりお金というものをそれ以上のもの（あればあるほどいい）と見做さないということだ。

それはあんたが年取ってじじいになって、欲もなにもなくなったからだよといわれるかもしれないが、わたしは昔からそうだった。もっとも、金なんかいらないと、多少舐めていたことはある。後年、その罰が当たったが、いまでもたかが金、という意識はどこかに残っている。お金は人生における必須度としては一番だが、人生における価値としてはもっと下のものである。

蛭子能収のわりきった金銭哲学

蛭子能収は子どもの頃から「人間」に苦労した。「(中学一年のとき）オレは、たばこの使い走りや昼食のパン買いなど、その不良グループの便利屋でした。ときには殴られたり、金をたかられたりしたこともありました。（略）人と揉めることが苦手なオレは、相手に歯向かったり、反発したりすることを避けてきました」「不幸があっても、嫌な人がいても、これを『ネタ』にしてやろうと思うと、あんがい楽になりますよ」。蛭子はマンガのなかで嫌な人間に復讐《ふくしゅう》したらしいが、そんなことで「楽」になるとは思えない。

そこから自分なりの人生観と処世術を手に入れた。「オレは、人は、どうしようもない生き物だと思っています」「人からどう思われるかなんて、考えても無駄ですよ」「そもそも、服装に限らず、実力がないのに虚勢を張ることが苦手です」「個性をアピールするなんて意味があるんですかね」「たぶん『出る杭』よりも、『出ない杭』のほうが、世に出る確率は高いと思いますよ」

人間に対する処世術以上に、蛭子は独自の金銭哲学ももっている。金に対する考え方はよりはっきりしている。「オレがいちばん大切にしているのは、自分の命です。その次にくるのはお金です」「オレはお金を信じています。金がなんでも解決してくれると確信しています」「『お金で買えないものはない』というと、あさましい人間だと思われます」。しかし、「『お金で買えないもの』は、世の中を探せば、たぶんあるんでしょうけど、オレには、それが何か思いつきません」。

金が最高価値だといっている。なにしろ命の次に大事だというのだから。蛭子は人になんと思われようとまったく気にしない。「オレは人生相談をしていますが、その悩みのすべては、金さえあれば解決するものですよ。それを回答すれば、元も子もないから、テキトーに答えているんです」(蛭子能収『笑われる勇気』光文社、二〇一七)

蛭子能収はたいがいのことはどうでもいいと考えているが、この金と自由に関しては、つねに本心を語っている。「働くことは、あくまでも目的のための手段、オレにとって仕事は雑務にすぎません。/そんな雑多なことをこなすときに、プライドを持つ必要はありませんよ」「稼ぐことだけ、と割り切れば、命に関わる仕事でない限り、どんなことでもできます」「すべて金を稼ぐため。ギャラさえもらえれば、なんでもできるんです」「金を稼ぐわけですから、嫌なことがあるのも当然。自由がないのも当たり前です。自分を表現できなくてもかまいません」

かれにとっては、人生の正解もへちまもないはずである。それこそ、人生とはなんぞや、などまったくどうでもいいにちがいない。金さえあればいい。わたしは以前までは、かれを自分の考え方や生き方がはっきりした、大した人間だと思っていたが、そうではないのではないかと思うようになった。というのも、吝嗇《りんしょく》ぶりが異常で、他人に対するどんな共感もない。他人のことなどどうでもいいと思っている。それよりなにより、かれにとって仕事は「雑務」でしかないから適当にやっつけておけばいいと思っているようなのだ。これがわたしは好きではない。

『笑われる勇気』は、元々、「女性自身」に連載した人生相談が基になっている。その「テキトー」ぶりがすごいのだ。「人生ですか……、面倒くさい相談ですね」「(自分の家の墓が遠くにある。どうすればいい？　という相談に) 人の墓なんか知りませんよ」「(バイト先で、年下がため口を利いてくる。どうしたらいい？　という相談に) どうでもいい相談ですね」。たしかに質問者も悪い。

「(大学生の息子がニートになりそう。どうしたらいい？　という相談に)放っておけばいいんです。そもそもオレにコミュニケーション能力について聞きますかね。違う人に相談したほうがいいですよ」。正直といえば、まっ正直。しかし、それなら人生相談の仕事など断ればいいのに、金は欲しいし楽な仕事だから受けてしまう。

「こんなに暑いと、人の相談なんて聞いていられませんよ」「(高一の男子だが、同級生の女子と一回デートした。これってつき合ってる？　という相談に)えっと、ですね……オレ、競艇に行くときは、いつも10万円持っていっていたんですが、負けが続くからと女房と協議した結果、今月から3万円に……。そんなときに、高校生の相談なんかどうだっていいですよ」「(今度、高校の同窓会があり、元カレも来そうなのだが、行くべきか行かざるべきかという四十五歳OLへ、先日、全レースに負けた蛭子は)そんなオレにとって、あなたが同窓会に行くか行かないかなんてどうでもいい話」「連載100回っていうから適当に答えただけですけどね」

蛭子には金の満足分岐点などない。かれが一番望んでいるのは際限のないお金と、自由な生活である。そのためには、若い芸人たちから小ばかにされて、「人間のくず」呼ばわりされようと、全然平気なのである。金のためならどんな仕事でもするとわりきっているのだ。ただ「金で買えないものはない」といいながら、大したものを買わないのは、欲のなさゆえか。蛭子能収を以前ほどよくは思わなくなったが、相変わらずのふてぶてしさである。

お金より大事な価値観をもつ

お金はしあわせを保証しないが、お金がないことはふしあわせを招く。もちろん、金があるかないかは程度問題だが、世間に染みわたっている「金＝しあわせ」の図式は、強固である。お金のない人間はほぼ例外なくそのように思うのだが、もってみると、そうでもない。わたしはもったことがないが、それくらいわかる。金の心配をしなくていい、というだけである。まあ、それだけでも十分か。

漫才コンビのナイツが佐藤優と対談をしている。わたしの贔屓《ひいき》は土屋伸之なのだが、かれは、「オカネに目がくらんでお札ばかり追いかけている人生は、はたから見てあまり楽しそうではありません」といって、佐藤優にこう訊いている。

土屋　オカネに流されず、オカネに強くなるためにはどうすればいいのでしょうか。
佐藤　オカネに強くなるためには、オカネ以外の価値観をもたなければなりません。といっても、「オカネを払ってでも出世したい」とか「名誉を買う」といったように間違った価値観をもつと、人生はますますおかしくなります。（佐藤優、ナイツ塙宣之・土屋伸之『人生にムダなことはひとつもない』潮出版社、二〇一八）

もちろん佐藤は「人間関係でも仕事の場面でも、オカネはとても大切です。そのうえで、オカネがすべてではありません。オカネに加えて、信念や情のように経済原理とは別の要因も必要なのです」といっている。暮らしに困らず、老後もなんとか暮らしていけるぐらいの金は必要である。そして自分が暮らしていけるだけの金がなんとか確保できるなら、もう金の問題は終わりである。

お金で買えないものはない、かどうかは、どうでもいいことだ。あるといえばあるし、ないといえばない。人それぞれの考え方次第である。わたしは、といえば、もちろん金で買えないものはある。あたりまえのことである。愛情は金で買えない。だが金で買えない愛などいらない、といえば終わりである。「オカネ以外の価値観」というより、お金〝以上〟の価値観をもてるかどうかが大切である。金がなければ暮らしには困るがそれでも、金以上の価値観をもっている人間はざらにいる。そのためなら金なんかいくらでも払う、ということがあるではないか。

ちなみに佐藤には信頼できる友人が三人いるという。かれらに共通していることがある。「本当のことを全部言わないかもしれないけど、ウソはつかない。それから、約束したことは必ず守ります。そのかわり軽々に約束はしない。ウソをつかず、約束を守る。これって意外と難しぃんですよ。ウソをつかないということは、オベンチャラも言わないということですから」ということだ。そして金で信頼のできる友人が買えないのも自明である。

現在はわたしら団塊の世代が就職をした時代に比べれば、あきらかに労働環境は悪くなっていると思われる。当時、基本的に使い捨ての派遣労働などまったくなく、それが非正規労働者はいまや全労働者の約四割を占めるようになった。サービス残業、ブラック企業などの言葉もなかった。日本経済は順調で、毎年、給料が上がった。われわれは終身雇用の恩恵を得た最後の世代であり、わたしらのような零細企業に勤める者でも、金利八パーセントのなか、小さいけれども家がもてたのである。

一九八六年の労働者派遣法とその後の度重なる改正で労働者の使い捨てが可能になり、

二〇〇〇年の大店立地法により商店街が壊滅した。バブルが弾けてすべてが変わった。経済（業績）が好調なときは、国も企業も国民（社員）も調子に乗る。調子に乗ることなど、だれでもできることだ。不調になったときに、真価が問われる。「失われた二十年」といわれるばかりで、政治家も官僚も経営者も学者もまったく無力だった。働きづらさだけではない。生きづらくもなっていると感じざるをえない。

所詮、日本もただの国だったのである。窮乏したら、政治家も官僚も経営者も学者も、そして国民も、案の定、下品になり恥知らずになった。社会全体がストレス社会になった。クレーマーやモンスターといわれる人間が出現し、流通業界で客から迷惑行為を受けたのは七割、サービス業界でも客から暴言や威嚇を七割の人が受けている。異常である。学校のいじめは増え（二〇一七年度は過去最大の約四十一万件）、児童虐待も増えている（二〇一七年は一九九〇年の百倍以上）。パワハラも後を絶たず、セクハラの被害者は全職場の三割にあたるといわれる。ネット上では欲求不満の自我が渦巻いている。

その皺寄せは、単純労働者、若者、老人（金持ちの老人ばかりではない。下流老人）、子どもなどの弱い立場の者に集中した。政治家も経営者も役人もだれも本気でパワハラやセクハラ対策に取り組まない。政治家は不誠実である。文部事務次官は恥知らずで、現役財務大臣はそんな次官を擁護する。テレビは携帯電話や監視カメラに映った小ネタを垂れ流し、あとは食べ物番組でお茶を濁すだけ。天皇陛下と皇后陛下だけが、露骨な欲望をさらけ出した全日本人の下品さに対して、懸命に品位を保っているように思われる。

日本女性の薄ら笑い

酒井順子『男尊女子』（集英社、二〇一七）のなかの「女性議員」という項目に、このような記述がある。「二〇一四年（平成二十六）の東京都議会において、塩村文夏《あやか》議員が女性の妊娠・出産支援に関する発言をしていたところ、男性議員から『早く結婚した方がいいんじゃないか』『自分が産んでから』というヤジが飛んで、大きな騒ぎ」になった。「その中で、『ヤジの後、なぜ塩村議員は笑ったのか』ということが話題になりました」

そんなことが話題になったとは全然知らなかったが、そのときのニュース映像で、塩村議員は、ヤジが飛んだほうをチラッと見上げ、たしかに一瞬笑ったのはわたしも見た。「笑ったりせず、あそこで堂々と言い返せばよかったではないか、といった批判も出ました」という。上野千鶴子や田嶋陽子だったら即座にそうしただろうが。

「堂々と言い返す」ことができるなら、セクハラの半分はなくなるだろう。それに塩村議員はヤジが来るとは予想もしていなかっただろうから、反射神経の問題でもある。なにかいわれたら、「ふざけたヤジはやめてください！」とピシャッと釘を刺してやる、と前もって心の準備をしておくしかない。

私は、非人道的なヤジを言われた次の瞬間、咄嗟に出たのが「笑い」であったということが、日本の政治と女性の関わりを象徴的に示しているように思われます。あの笑いは、ヤジに対して「呆れている」ということを示しもしましたが、同時に彼女は「ここで怒っては駄目だ」と思ったからこそ、正反対の表現である「笑い」が出てきたとも言える。

私も、何かひどいことを言われた時に、なぜか薄ら笑いで応えることがあるのでした。後から「言い返せばよかった」と怒りがこみ上げてきてどうしようもなくなるのですが、その時はニヤニヤしている自分がいる。

自分もまたそのようなとき「なぜか薄ら笑いで応え」てしまう、というのは正直である。「とりあえずスルー、という姿勢を見せるため、『笑い』で自分と相手を誤魔化す」「セクハラなどされて『やめてください』と言う時でも、笑いながら……ということになるのではないか」「男性から嫌なことをされた時でも、断りたい時でも、『とりあえず笑う』という刷り込みが、我々にはある。ニヤニヤとその場を誤魔化した結果、やってくるのは深い後悔であることはわかっていても、曖昧な笑いを浮かべずにはいられないのです」

日本では女だけではない。とりあえず「笑ってごまかす」というのは男であれ女であれ、弱い者の対処法である。「やめてください」と反論することから生じるもろもろのめんどうくささがある。セクハラ男も抗議されたら「冗談だよ」と逃げ、逆に冗談も通じないカタブツ女として決めつけ、後々嫌がらせをする。生きても死んでも、小ずるい男である。

セクハラ男になにもいえない男たち

人間は自分が悪いとわかっていても、それを指摘されると怒る動物である。男の側にも、下ネタをしかけたら上手くかわすのが大人の女、などというやつがいる。そういう女を〝大人の女〟として持ち上げる風潮があるが、ようするに、下ネタをいう自分の面子《メンツ》を潰してくれるな、嫌なら上手く受け流してくれという身勝手である。ばかものが。生意気なことに恥はかきたくないと思っているのだ。こんな男たちは永遠に消滅しない。

それにしても、この塩村議員事件からもう五年も経ってしまったのか。なんの教訓にもなっていない。それ以後もセクハラはふつうに報じられている。加害者の面々も多士済々《たしせいせい》になってきた。官僚、県知事、市町村議長、議員、ジャーナリスト、教員が出てくるようになった。そういえば思い出した。テレビ朝日「朝まで生テレビ！」でこういうことがあった。

二、三年くらい前だったか、その日のテーマも出演者も覚えていないが、中国人の実業家・宋文洲《そうぶんしゆう》と国際政治学者の三浦瑠麗《るり》だけは覚えている。このふたりの間で起きたことだったからだ。人の話にあの大きな声で強引に割り込む宋文洲が、いつもとおなじようにでかい声で発言をしていたときのことである。三浦が口を挟もうとしたとき（三浦も意外とこれが多い）、宋が間髪を容れず「おまえは黙ってろ！」と怒鳴ったのである。

三浦は絶句した。そりゃそうだろ、出演者から「おまえは黙ってろ！」といわれることなど、ありえないことだからである。わたしも一瞬「なんだこいつは」と驚いた。しかし意外だったのは、他の男の出席者（政治家、有識者）がだれひとり、宋の暴言を咎《とが》めなかったことだった。だれかが「ちょっと、それは三浦さんに失礼だろ、謝れよ」とかなんとかいうだろうと思ったのだが、男のパネラー陣、寂《せき》として声なし。一同、目が点になっとるのか。意識の高いはずの男たちにしてこのザマである。宋は何事もなかったようにしゃべりつづけている。

となると、ここは司会者の田原総一朗の出番だろ。お得意の「ボクはバカだからわからないんだけど、宋さん、いまの発言はよくないよ」とかなんとか。共産党や旧民主党議員や、弱そうなパネラー相手によくやるように、テーブルを叩いて声を荒らげるあの調子で頼むぞ。ところが田原も「わしゃ知らん」というように無言のまま。事態は微妙な空気に包まれてそのまま流れてしまったのである。しかし、番組終了後、やはり問題になったのだろうと思う。その後、宋文洲は一度も「朝生」には出ていない（一回は出たか？）。

こういうことである。パワハラもセクハラもだれもその場では咎めることができないのである。宋文洲の行為はパワハラにもセクハラにもあたらず、ただの女性蔑視だろうが、事態の中味はおなじである。

女子であることの憂鬱

群ようこが日本の男の本質を衝《つ》いている。「私の両親は懐が暖かいときはとても仲がよかったが、寒くなるととたんに険悪になり、毎日喧嘩していた」。しかし「あんなにわがままで自分のことしか考えていない男はうちの父親だけで（略）、他の男の人は違うのだろうと、多少なりとも夢を持っていた」。

ところが、大学生になったり、社会人になってみると、付き合ったとたんに「俺の女」みたいに扱ったり、めんどうなことは女子にやらせたり、取引先にかわりにあやまらせようとする男が多かった。「どいつもこいつも、ふだんは大きな口を叩いているくせに、いざとなると女の後ろに隠れて逃げようとするなんて、うちの父親にそっくりじゃないか」

（『しない。』集英社、二〇一八）

「俺の女」か？　つくづく情けない男たちだ。内閣府の調査によると、平成二十九年度に交際相手から暴力（デートＤＶ）を受けた女性は二一・四パーセント、およそ五人に一人で、二十代女性にかぎると三六パーセントに達するという。三人に一人である。この社会で七十年間「男」をやってきたわたしから見ると、この国の男の三割ほどはセクハラ体質である。あと三割は付和雷同体質。まともなのはせいぜい四割程度で、あとはろくでもないアホである。この男はいいなあ、と思った男が圧倒的に少なかったのである。向こうもそう思ったかもしれないが。

こういう無礼なことを書くときは、じつはわたしもそのアホのうちのひとりなのだが、とか、人のことをいえた義理ではないのだが、とか、一言、いい訳をしておくのが「大人の礼儀」らしいのだが、それにも飽きた（もう、どう思われてもエエッす）。なぜなら、わたしはアホではないからである。といって、そう立派なわけでもない（これはほんと）。アホとは、自我が心地よくあることが一番で、そのためには他人を不快にしても平気な人間のことである。

アメリカ人の女性は、セクハラを受けたときには強い口調で断固として男に立ち向かうのかと思っていたら（そういう人もいるだろうが）、女優たちの「#Me Too」運動で、そうではないとわかり、どの世界の人間も権力の前には無力ということがわかった。

セクハラの被害は男がいるところなら、どんな職場でも起こる。こんな職場なら安全、という場所はないのである。生涯において、一度もセクハラ被害に遭わないでいられる女性はほとんどいないのではないか。

こういう実例ならいくらでも挙げることができる。当然、そのすべてが不愉快極まる。どうしてこんな男がいるのかと理解できない。なぜかを考えてもどうにもならない。こういうネット記事があった。「医師たちの#Me Too　医療の世界にも蔓延するセクハラ」（「BuzzFeed News」二〇一八・二・十五日、岩永直子）。それは「実力がものを言うように見える医師の世界でも、理不尽な被害に苦しめられている人がいる。この女性医師と、複数の医師に被害の実態を伺った」ものである。

この女医は「数年前まで外科医として働き、今は大学院で研究している30代前半」の人で、彼女は「トップクラスの女子校」を卒業後、「関東の医大に進学し、公立病院の外科で研修医としてスタートを切った」。指導医師は四十代だったが、この男がなにかにつけセクハラ発言をする男だった。

「ちょっと化粧をしたり、夕方に歯を磨いていたりすると、『これから婚活か？』と言われ、遅くまで仕事を頑張っていると、『仕事と結婚するのか？』『お前、夜の生活はどうなってるんだ』とからかわれる。自慢話のつもりか、『俺の若い頃はやった女の数だけバッジをつけていたぞ』と言われました」

思うにこの男は、女性との会話はすべてこの調子なのだろう。女性の反応を楽しんでいるのだ。こういう男は若い女性を平気で「お前」呼ばわりする。いきなり力関係を知らしめるのだ。女性が次のような対応になるのは無理もない。周りにいる男の医師でさえ、やめろよ、と注意できない。

「私もその時は『いい人いたら紹介してくださ〜い』『先生すごいですね』と笑って受け

流していました。物分かり良く話を聞いてあげる女の子を演じることで、目をかけて指導してもらいたかった。結果的にセクハラがエスカレートしてしまいました」。調子に乗ってつけ上がるというやつだ。

「別の既婚者の指導医には、プライベートでも頻繁に誘われるようになった」という。

「当時は恋愛感情だと思い込み、『気に入られて嬉しい』とも思っていたのですが、今思うとセクハラでした。外科の世界では、指導医に難しい症例を回してもらえるか、教科書では身につかない実技をやらせてもらえるかが勝負です。教えてもらいたかったし、チャンスを与えてほしかった。そういう気持ちにつけ込んで相手も誘ってきたのだと思います」

当然、こうした被害はこの女医にとどまらない。多いのは「指導と引き換えにセクハラを黙って受け入れさせられるという構図」だ。四十代の産婦人科医は「関東の大学病院に勤務していた時、指導医に性的関係を迫られました。『嫌なら指導しない』と。この業界は狭く、次が見つかるあてもないので、嫌でしたがしばらく関係を続けることになりました。後にわかったのですが、その医師は同じ手口でセクハラを繰り返し、後輩の女性医師も相当被害に遭っているようです」。

権力をもたない（社会的地位のない）男は性犯罪を起こす。権力をもつ（社会的地位のある）男は、パワハラ絡みのセクハラをする。あわよくば、無理やりの合意、泣き寝入りの諦めでもいいから、思いを遂げたいという薄汚さである。

三十代前半の小児科医の女性がこういっているのは、まったく正しい。「医療界に限らず、日本社会ならどこにでもある通過儀礼です。セクハラやパワハラを乗り越えた人間だけが愛されて指導を受けられるから、泣き寝入りせざるを得ない」。セクハラやパワハラを「通過儀礼」といってしまう日本女性の状況は、あまりにも酷い。胸糞悪い事態だが、この場合、院長や理事長などトップが目覚めないかぎり、このような状況が改善される希望はない。が、トップで脛《すね》に傷をもたない人間はいないだろうから、望み薄だ。

これらのセクハラ男たちは、まっとうに生きようと思っている女性たちの人生を傷つける輩である。この男たちは彼女たちの人生を汚している。憂鬱にし、有害である。だがかれらはそんなことをなんとも思っていない。謙虚に反省するものなどほとんどいない。役得ぐらいにしか思っていないのだろう。なんでこんな愚劣な男になってしまうのか、さっぱりわからない。

「この女性医師は、研修医時代、産婦人科の指導医に、他の男性研修医と一緒にキャバクラに連れて行かれ、女性だけキャバクラ嬢の女性と一緒にそばに座らされた」「飲んでいる間、順番に女性だけが胸をタッチされるのです。指導医は病院では怖い先生で通っていたのですが、裏で『エロ先生』と呼ばれ、看護師もよく同じことをされていたと聞きました。私は当時、傷ついていながらも、『そんなにシリアスに捉えることではない、指導を受けられなくなる』と自分に言い聞かせ、自分の中で笑い話にして処理していた気がします」

男の六割がアホだといったが、もっと多いかもしれない。

「家族に対して顔向けできない」というプライド

わたしは、人の人生を汚し、傷つける人間が大嫌いである。権力者であろうとなかろうと。ゆえに、そういう人間に敢然《かんぜん》と立ち向かう人が好きである。数は少ないが、そういう人は現実にいる。女の人にも頑張ってもらいたいと思う。仲間がいればいい。案外パワハラ・セクハラ男は脆《もろ》いものだが、しかしわたしもいい加減なことはいえない。「負けない」が難しいのはこういうときである。

高杉良の小説のなかには、権力や組織に負けない男が出てくるものが多い。『懲戒解雇』（文春文庫、二〇一八）もそのひとつだが、かれの小説が身につまされるのは、そのほとんどが実話に基づいているからである。主人公の森雄造が、同期の親友・仁科英《すぐる》にこのように いう場面がある。この小説の場合はパワハラなのだが、森雄造の気持ちがよくわかる。

「もし、俺がこんな理不尽な暴力に屈服して依願退職にしろ、懲戒解雇にしろ黙って受けていたら、両親に対して、妻子に対して、友人や恩師に対して顔向けできると思うか。俺はあの人たちを人間として赦すわけにはいかない。批判精神を認めようとせず、自分たちの野心のさまたげになる俺を暴力的にクビにしようとする。そんなやりかたに唯々諾々と従っていたら、俺の人生に陰が出来てしまう……」

この小説のモデルとなった事件が実際に起きたのは昭和五十六年（一九八一年。わたしは当時三十四歳。この顚末は新聞や週刊誌で報じられたはずだが、覚えていない）。会社は小説では財閥系の超一流企業トーヨー化成となっているが、実際は三菱油化（現・三菱化成）である。主人公のエリート社員・森雄造のモデルとなったのは所沢《しょざわ》仁という人である。結局、かれは組織の論理に敗れて退職を余儀なくされるのだが、次の勤務先でも大活躍をしている。二〇一四年に七十八歳で亡くなっている。

両親に対して、妻子に対して、顔向けができなくなるようなことはできない。森はこのプライドだけは守ったのである。でないと「俺の人生に陰が出来てしまう」。でないと、自分で自分が許せなくなる。だが、だれもが森のように行動できるわけではない。隠忍自重することがあるかもしれない。また森のように行動しなければ、父と母の子としてのプライドが保てないとも思わない。わたしは森のように行動したいと思うが、実際にはわからない。どちらが正解なのかもわからない。

なにがなんでも森を懲戒解雇に追い込もうとする営業担当常務の川井だが、次期社長の地位を狙っている。森はその川井について「それにしても口は軽いし、柄が悪すぎる。こんな男に大トーヨーの社長がつとまるのだろうか」と思うが、往々にして、そんなやくざ気取りのガラの悪い男が、企業内で出世するのである。この男の実在モデルは、高杉によると、「海軍兵学校を首席卒業、恩賜《おんし》の軍刀を拝領《はいりよう》したという秀才」であるらしい。どこでどう人生を間違えたか、つまらぬ男になり下がったものである。過去がいかに立派でも、評価は現在で決まるのである。

かつて読売新聞社社会部の記者だった本田靖春は、「それにしても、日本はひどい国になった、と嘆かざるを得ない」といって、銀行や警察のいい加減さ、エリート官僚の不祥事を嘆く。「いまのままだと、わが国は間違いなく滅びる」。賢ぶってるだけで、中身は我欲まみれの薄汚い現代の日本人にも容赦はない。

「日本国には夢がない」「基本をないがしろにした指導者の下で、努力はしない、辛抱はできない、そのくせおいしい生活は人並み以上にしたいという、身勝手で自己中心的な国民が大量にはびこってしまった」「お互い日本人は権力の前には至ってだらしない」「日本人に共通する怯懦性《きょうだせい》」「私もご多分に洩れず卑怯未練な日本人なのだから、あまり立派なことはいえない」

本田は自分を「卑怯未練な日本人」のひとりに数えなくてもよかったと思う。大した人間ではなかったかもしれないが、決して「怯懦」ではなかった、といって欲しかった。「豊かさは諸悪の根源」。人間は衣食足りて礼節を知るはずだったのに、その逆で、人間がこんなにも醜くなろうとはだれも考えもしなかった。

本田の次の言葉もいまの日本人の耳には素通りだろう。「貧しい時代を切実に生きた人々は、真面目で、努力家で、忍耐強く、前向きだったように思う」「だから日本を昔の貧しい国に戻せ、とはいくら私でも言いはしないが、いまの日本人は嫌いだ、とだけは力をこめていっておこう」（本田靖春『我、拗ね者として生涯を閉ず（下）』講談社文庫、二〇〇七）

過去よりは現在が強い

わたしも六〇年代、七〇年代のほうが、現代より全体的によかったのではないか、という気がする。ボーッとしたいい方だな。人間はもっと単純だった。いまの人間のほうが卑怯で陋劣《ろうれつ》である。けれど昔の記憶は宝物である。自分が生きた時代であり、自分は過去によってできているからである。「あの頃はよかった。あの頃に戻りたい」というようなことをいうが、もちろん「あの頃」はあの頃で問題はあった。

たしかに昔のほうがいいものは沢山ある。すべて現代のものが優れているということにはならない。携帯電話、パソコン、カード決済などテクノロジーは飛躍的に進歩した。それらによって人間生活は便利になったが、それが人間にとって幸福なことだったかどうかはわからない。技術は人間の幸不幸など斟酌《しんしゃく》しないからだ。昔の記憶は甘美である。しかし昔を懐かしんでばかりいてもしかたがない。

生涯四千人もの女と性交をしたという「紀州のドン・ファン」のことは前に触れた。四千人の女か、羨ましい男もいたものだ、ということだったのかどうかは知らないが、かれの自叙伝は売れたようである（当然、ライターが書いた）。かれの人生が正解であったかどうか、知ったことではない。本人が大満足だったかどうかもわからない。まあ後悔はしていないはずで、おそらく満足だったのではないか。それにしても、単純明快な人生である。べつに羨むことではない。

はっきりしていることは、かれがその四千人のほぼ全員のことを忘れてしまっていることである。そうは書いていないが、そうに決まっている。四千人分の快楽は蓄積されず、雲散霧消している。肝心なことは過去の四千人よりも、現在のひとり、のほうが圧倒的に強いということである。つねに現在は過去よりも強いのだ。快の感覚は蓄積されず、不快や怒りや恥辱の記憶は生き延びる。不快だけがいつでも生々しく蘇る。

過去が無意味というのではない。懐かしさをともなって蘇る過去は、むしろ大切なものだ。それは自分のためだけのものである。過去の一切は失われた。残るものは記憶であり思い出だけだ。大事にするのは当然である。しかしそれはそれとして、生きているのはいまである。過去の記憶ばかりにかまけて、いまの暮らしをグチの対象にしてはいけない。過去は現在を賦活《ふかつ》させるためにある。

わたしにかぎったこととも思えないが、楽しい記憶よりも、不愉快な記憶のほうがより多く思い出されるような気がする。絶望したくなるような記憶はないが、それでも、自分がしたことや、自分がされたことの不快な記憶は、いい記憶よりもそれだけ強いということか。現在が過去に打ち負かされる唯一の時である。だがそれも一時的なものにすぎない。

今日の青空が、今日の笑顔が、今日生きていることが、不快さを消し去ってくれる。現在は、最終的には、不快で無用な過去を葬り去り、快く有用な過去を蘇生させるのである。

死んだ者より生きている者が強い

「去る者は日々に疎し」というのはほんとうである。死んでしまった者は、どんなに偉大な人でも忘れられる。

ある人が亡くなる。ふつう、通夜と告別式が行われるだけである。最大の葬儀は国葬だろうが、めったにあるものではない。しかし国葬がなされるほどの人物であろうと、あるいは絶大な人気を誇る有名人の死であろうと、過ぎてみればみなおなじである。死の意味は葬儀の規模の大小ではない。死はひとりで弔《とむら》うべきものだ、とわたしは考える。そして、自分にとって意味ある人の死だけが、長く記憶に残る。

この間、わたしがこれまでの人生で、身近で親しかった人が何人亡くなったかを数えた。家族はもちろん、会社関係や友人もである。十七人いた。それほど親しくない人を含めればもう少し増える。亡くなった人を忘れることはない。かれらを思い出すことは心温まることである。だがそれでも、去る者は日々に疎し、は事実である。親にしてそうである。

日々のなかで、わたしが亡くなった父や母や兄のことを思い出すことはほとんどない。ときどき、なんらかのおりに思い出すだけだ。

かつて詩人の石原吉郎は、人は死んではいけない、と書いた。その当時、この文章を読んだときは、そんなことをいってもなあ、と思った。だって死ぬのだから。だが、いまは石原の気持ちが少しわかるような気がする。人の命はあまりにも軽んじられすぎている。死は無造作だ。ありふれている。

だが、それでも人は死んではいけない。いや、死ぬのだが、人は死んではいけないと思われなければならない。ありふれた死に方で死なれたのでは、残された人間にとっては、その死の意味の耐え方がわからないのだ。人間はかわいそうである。死んでゆく者も。後に残される者も。

十年経っても二十年経っても、忘れられない悲しみというものはあるだろう。忘れがたき人々もいる。わたしの人生を彩ってくれた人々である。生きている者は強いが、生きているからといって偉いのではない。わたしの人生は亡くなった人も含めての人生である。かれらがいなければ、わたしの人生はよほど殺風景であったろう。生きている者は傲慢になってはいけない。

理念よりも現実のほうが強い

ある困難な事態に直面して、このようにいえば、相手は理解してくれるのではないか、あるいはこのようにすれば、相手はこう対応してくるのではないか、と考えるが、結果の是非はせいぜい半々である。だいたい、人（脳）は、自分に都合のよいように考えるものである。「下手な考え休むに似たり」という俗諺《ぞくげん》があるが、当人は「下手な考え」とは思っていないのである。

だから、物事を考えるとき、あるいは行動をするときは、最悪の事態を想定せよ、というのは正論である。けれど想定する最悪の事態もまた、自分の想像が及ぶ範囲以内での最悪にすぎず、現実に起こる最悪の事態とは異なる。それで、大津波に対する長大な防潮堤を作ったりするのだが、それでも完全に防げるという保証はない。現実に起こる最悪の事態を防ぐことができる、と思うのは人間の思い上がりである。

それに最悪の事態など考えては何事もできない。楽しくもない。そこで「ノーチャレンジ、ノーライフ」だの「ノーリスク、ノーリターン」などと、成功者たちがよくいう一見、かっこいい言葉が頭のなかに浮かぶ。一理も二理もあるものだから、それに勢いを得て、人生とはそういうことだよ、と納得して進もうとするのだが、それは自分に都合のいい場面で便利な言葉を採用しているにすぎない。

自分の力量を熟慮すべきで、そんな雑駁《ざっぱく》な言葉にひきずられて人生を委ねることはない。成功者はあなたではないし、人の成功はあなたの成功ではない。かっこいい言葉は、あなたの人生の責任を取ってくれないからね。

現実の硬さに衝突して、その硬さを味わってみることも一興ではある。しかしそれも程度問題だ。「おれは音楽をやっていくよ」「そんなことでメシが食えるか」「ほっといてくれよ」「社会はそんなに甘くないぞ」。ないではない親子の会話であろう。これはまだいいほうである。現実にぶち当たって、立ち直ることができないような致命傷を受けては元も子もない。いずれにせよ、行動の結果はすべて自分の責任である。自分が負うしかない。必要なのは、どんな事態になっても対応してみせるという覚悟である。所詮、生覚悟ではあるが、ないよりはいい。

現実の硬さは、実際にぶつかってみなければわからない。こうすればこうなるのではないか、と頭で考える。ところが、「こうなるのでは」が、こうならない。予想もしないことになる。そのときになってはじめて、頭で考えることの無力さを知るのだ。それが現実いことである。現実の硬さは想像以上である。しかし、一点を突破すると、現実は驚くほど脆《もろ》いこともある。現実の内部は案外、テキトーでいい加減だからだ。入口だけが堅固なのだ。

考えること（理念）にできることはなにか？　できるだけ、その人の立場になって、考えてみることである。その人がするであろう手順や手続きを、具体的に一から想定してみることである。なんとかしろ、それを考えるのがおまえの仕事だろ、というのは無茶である。「おまえ」の立場になって、自分ならどうするか、自分ならなにができるかを、考えることである。頭で考えることにはあきらかに限界があるが、それでも考えることは必要だ。人間にはそれ以外に武器がないからである。

第五章　次善はときとして最善に勝る

わたしは消極的な性格だった

わたしは子どもの頃から、世間の流行りものにほとんど興味がなかった。友だちと遊んだり、部活をしたりすることは楽しかった。が、小中高と転校を繰り返すごとに、段々群れることが少なくなった。疎外されたわけでも、いじめられたわけでもない。数人の友人たちとは親しく付き合い、学校生活は概《おおむ》ね良好だった。といって、毎日楽しくてしょうがない、というほどでもなかった。小学校の通知表には「無口」「引っ込み思案」と書かれた。いまでも覚えている。

世間の流行に興味がない。人が笑うものがおもしろくない。多くの人が好きな、カラオケが好きではない。評判の映画や本や流行語にほとんど興味がない。「○○放題」も好きではない。酒を飲まないから、「シメ」になにを食べるかなど、どうでもいい。「シメ」というアホ言葉を平気で使うような神経がわからない。なにがシメだ?

しかし多くの人は、これらのことが大好きらしい。弱ったね。これじゃあ、ひとりぼっちになるわな。そういう人たちと合わないのだから。どうしてこんなヒネた性格になってしまったのかね。わたしは世間的には、まぎれもなく非社交的な性格、評価としては否定的な存在だっただろう。自分でも、こりゃ暗い性格だな、とわかっていた（世間から見ればヒネて見えようが、実は自分では、ヒネた、とは思っていない）。

大坂なおみ選手は、自分は社交的な人間ではない、といい、そのことが好ましい。遊びもテレビゲームなど、室内で過ごすのが好きなようである。だがそういう感じはしない。あのような大観衆のなかでプレーできることと、ノット・ソシアルな性格は矛盾しないのだろう。それにしゃべりはおもしろく、キュートでもある。ノット・ソシアルはキュートとも矛盾しないのだ。いいことだ。

ところでわたしは、帚木蓬生《ははきぎほうせい》の作品を愛読している。帚木の人間性が投影されていて、高潔な作品ばかりだからである。『国銅《こくどう》』で魅了され、『水神』にほれぼれし、『天に星地に花』に感嘆した。その帚木が毛色のちがう本を書いていて、目を引かれた。小説ではない。『ネガティブ・ケイパビリティ――答えの出ない事態に耐える力』（朝日新聞出版、二〇一七）という評論である。

信頼性のある、ほかならぬ帚木が書く以上、傾聴に値する内容が書かれているにちがいないと思い、読んでみた。副題には「答えの出ない事態に耐える力」とあるが、「ネガティブ・ケイパビリティ」とあるからには、否定的・消極的な能力のことだろう。わたしのような非社交的な、世間的にはマイナスの性格の意味じたいを、肯定的に評価する逆転の方法が示されているのではないかと期待したのである。無口な営業員のほうが優秀なことがあるように、消極的な性格のほうがいい人生を送れるよ、とかなんとか。

「ネガティブ・ケイパビリティ」という方法

しかし、どうもそうではないらしい。帚木蓬生によれば、「ネガティブ・ケイパビリティ（negative capability　負の能力もしくは陰性能力）とは、『どうにも答えの出ない、どうにも対処しようのない事態に耐える能力』をさします。あるいは『性急に証明や理由を求めずに、不誠実さや不思議さ、懐疑の中にいることができる能力』を意味します」ということである。副題通りの意味である。ちょっとわかりにくい。

元は英国の詩人ジョン・キーツがシェイクスピアの文学的特質として発明した言葉らしい。「シェイクスピアが桁外れに有していたもの――それがネガティブ・ケイパビリティ、短気に事実や理由を求めることなく、不確かさや、不可解なことや、疑惑ある状態の中に人が留まることが出来る時に見出されるものである」と。

なんだかわかったような、わからんような「能力」である。「能力」なのか？　帚木蓬生もそのへんはわかっていて、こういっている。「私たちは『能力』といえば、才能や才覚、物事の処理能力を想像します。学校教育や職業教育が不断に追求し、目的としているのもこの能力です。問題が生じれば、的確かつ迅速に対処する能力が養成されます。／ネガティブ・ケイパビリティは、その裏返しの能力です。論理を離れた、どのようにも決められない、宙ぶらりんの状態を回避せず、耐え抜く能力です」。ここで「回避せず」とは、拙速な判断やその場しのぎの決定をしない、ということであろう。

「私たちの人生や社会は、どうにも変えられない、とりつくすべもない事柄に満ち満ちています。むしろそのほうが、わかりやすかったり処理しやすい事象よりも多いのではないでしょうか。／だからこそ、ネガティブ・ケイパビリティが重要になってくるのです。私自身、この能力を知って以来、生きるすべも、精神科医という職業生活も、作家としての創作行為も、随分楽になりました。いわば、ふんばる力がついたのです。それほどこの能力は底力を持っています」

なにやら相当な力をもっているようである。理不尽なこと、自分の力ではどうしようもないこと、を性急に解決しようとはせず、そのことに耐えつづけること、ふんばりつづけること――。あまりスカッとしない能力のようであるが、しかし帚木はこの力を信じている。「読者がネガティブ・ケイパビリティを少しでも自覚し、苦難の人生での生きる力として活用してもらえれば、著者としては存外の喜びです」

日々のどんな具体的な事柄に有効なのか、咄嗟《とっさ》にいい例が浮かばないが、考えてみれば、わたしたちは案外、なにか耐えたり我慢しつづけた経験がないのではないか、ということに気づく。だから、その「ふんばる力」の真価がわからない。「底力」がわからない。わたしたちは人生のなかで、決定不能な、解決できそうもない、宙ぶらりんの事態に遭遇したとき、焦らず慌てず、その状態にじっと「耐え抜く」ことが必要だ、ということを覚えておいたほうがいいかもしれない。

ただ帚木はこのようにいって、注意を促している。「〈問題〉を性急に措定せず、生半可な意味づけや知識でもって、未解決の問題にせっかちに帳尻を合わせず、宙ぶらりんの状態を持ちこたえるのがネガティブ・ケイパビリティだとしても、実践するのは容易ではありません」。なぜなら人間の脳には『分かろう』とする生物としての方向性が備わっているからです」。

たしかに、われわれは知りたがるし、わかりたがる。池上彰にひっきりなしにお呼びがかかるわけである。「目の前に、わけのわからないもの、不可思議なもの、嫌なものが放置されていると、脳は落ちつかず、及び腰になります。そうした困惑状態を回避しようとして、脳は当面している事象に、とりあえず意味づけをし、何とか『分かろう』としますʼ」。その「窮極の形がマニュアル化です」。

「ネガティブ・ケイパビリティ」とは、安易にわかろうとしたりすることではない。わからなくても禅の只管打坐《しかんたざ》のように、ただもちこたえる力なのであろう。

「日薬」と「目薬」の効用

「ネガティブ・ケイパビリティ」について、帚木蓬生は「日薬」と「目薬」という概念を提示している。

たとえば、終末期医療で、遺族は「何かしてやれたのではなかったか」とか「受診させるのが遅すぎたのではないか」など、「どんなに患者さんに尽くした家族でも、死後、『もっとしてやれたのに』と悔やむようです」。そのようなとき、主治医が「あれ以上の介護と献身は、考えられません。主治医である私がよく見て知っています」というだけで、「遺族の心の重荷は軽くなります」。

このような処方を帚木は「日薬」とか「目薬」といっている。「何事もすぐには解決しません。数週間、数ヵ月、数年、治療が続くことがあります。しかし、何とかしているうちに何とかなるものです。これが〈日薬〉です」。日をかけて根気強く治療をつづけ、徐々に快癒の方向にもっていく。「何とかしているうちに何とかなるものです」とは、ちょっと頼りないが、そういうことはあるのだろう。

「目薬」とは「あなたの苦しい姿は、主治医であるこの私がこの目でしかと見ています」ということである。「ヒトは誰も見ていないところでは苦しみに耐えられません。ちゃんと見守っている眼があると、耐えられるものです」。たしかにそうである。いかにも人間的な心理である。悩みを人に話すと、あるいは秘密をだれかに話すと、心が少し軽くなったりするのと似ている。不思議なものである。

帚木は現役の精神科医でもある。患者の身の上相談にも乗る。いくつかの事例を報告している。

①七十代半ばの元大工。仕事の減少で不安と不眠に悩まされ、それでも仕事を取ろうとして営業をしても不審人物扱いされたりして、また不安と不眠の悪循環に。「こうなると、日々の生活の不如意を聞き続けるしか、主治医の手はありません」

②五十代前半の農家の主婦。姑にいびられつづけて抑うつと不眠になった。「主治医と

しては、大変ですねと同情するしかありません」「悩みを聞くだけの主治医であり続けるのみです」

③三十代後半の主婦。教師の夫はうつ病、小学生の息子は不登校で、娘は飽きっぽい性格。帚木はまず夫の飲酒をやめさせるよう指示した。夫は入院し、やがて病も軽快し、職場復帰。八年後、夫はなんとか勤めを続け、息子は私立大学に入学、娘も短大卒業後、事務職に就いている。

この例など「日薬と目薬の見本です。何とかしているうちに、いずれ事態は何とかなるものです。それも主治医の目がいつも備わっていればこそでしょう」。ん？　ただ結果オーライなだけで、自賛するほどのことでもないのでは？　と思うが、帚木は自信があるのだろう。こうしたらどうか、ああしたらどうかと、つまらぬ忠告や助言をすることよりも、よほど「日薬」や「目薬」のほうが役に立つと知っているのだろう。

その他、五十代半ばの主婦。血液系のがんに冒され、死の恐怖を訴える。精神科の帚木にできることはあまりない。「免疫力を高めるために、元気に満ちた明るい毎日を送りましょうと、患者さんを慰めるくらいしかできません」。あるいはまた八十歳過ぎの男性。自分は意欲の減失、知的障碍がある息子の将来が不安。「困りましたね、と一緒に悩んであげるくらいが関の山です」

四十代半ばの主婦。夫の浮気に苦しむが、夫はそのことを絶対に認めない。食事ものどを通らなくなり、不眠。別れようにも子どもは小学生と中学生で自分に生活能力はない。

「夫が嘘をついているのは明らかなので、夫の言い分を信じたらどうですかとも言えません。男はしょせんこういうものですよ、と言うのも無責任です。耐えるしかないですね、と言うのも冷たすぎます。困りましたね、せめて眠ったほうがいいですよと慰め、少量の睡眠導入剤だけは処方します。しかしこれとて根本的な解決には、もちろんなりません。Hさんが生き方に折り合いをつけるまで、困りましたねと同情するのみです」

いやいや、ほんとに困る。そんなことでいいのかと思う。同情するだけならだれにでもできるのでは？

希望をもちながら、次善の策で耐える

患者に対する帚木蓬生医師の対応を見て、多くの人はがっかりしたのではないかと思う。「日々の生活の不如意を聞き続ける」だけ、「大変ですねと同情する」だけ、「悩みを聞く」だけ、「元気に満ちた明るい毎日を送りましょうと、患者さんを慰める」だけ、「困り

ましたね、と一緒に悩んであげる」だけ、「困りましたねと同情する」だけ、である。

それで精神科医が勤まるのか。「ネガティブ・ケイパビリティ」と、なにやら大げさな概念をもち出して、なにか特別な方法なのかと期待していたら、たったそれだけのことか。「答えの出ない事態に耐える力」というが、やっていることといったら結局は、そのまま放置、の現状維持ではないか。

正直にいえば、わたしもちょっと期待外れだった。それにわたしは、人間においてネガティブとされるもの、つまり、気弱、地味、おとなしい、恥ずかしがり屋、人見知り、会話下手（現在では「コミュ障」とかいわれる。嫌な言葉だ）、引っ込み思案、悲観的、などで悩む人間に、いやいやそれらはある種の「能力」なのだ、「力」になりうるのだ、と発想を逆転してくれるような展開になるのではないか、と勝手に予想していたのである。これはちがったが、それはまあいい。自分で考えればいいことなのだから。

しかし考えてみれば、帚木が取った「日薬」「目薬」の方法以外にどんな対処の仕方があるのか。もしわたしが帚木の立場だったと仮定すると、浮気に苦しむ主婦に対して、たぶんなにもいえないし、なにもできない。それどころか、それが何度もつづくと、また来たのか、話のもっていき所がちがうよ、弁護士のところか市役所に行きなさい、と突き放したかもしれない。弁護士だったら、もっと実際的な助言ができるかもしれないと思うが、それが正解であるかどうかはわからない。

帚木も、もし「ネガティブ・ケイパビリティ」を知らなかったら、「とっくの昔に患者さんから逃げ出していた」かもしれず、「もう来てもらっても無駄ですと言って、追っ払っていたかもしれません」といっている。しかし帚木は耐えつづけたのである。

またこういわれることもわかっている。「こんなことで治療になるのかと、叱る向きもあるかもしれません」。しかし「誰か自分の苦労を知って見ている所なら、案外苦労に耐えられます。患者さんも同じで、あなたの苦労はこの私がちゃんと知っていますという主治医がいると、耐え続けられます」。

そういうものかもしれない。わたしたちは、例のごとく、いつものように、自分ではなにもしないで、そんなことで役に立つのかとか、できるわけないとか、批判するだけである。帚木はある患者とは八年間も誠実に向き合い、患者の話を聴きつづけたのである。すごいことである。たしかに「能力」だ。帚木は自分にはそれしかできないが、しかし、自分の経験から、「日薬」「目薬」は無意味なことではない、むしろ意味のあることなんだ、とある種の自信みたいなものがあるのである。

そして考えてみれば、生きているとたしかに「答えの出ない事態」に遭遇することがある。大げさにいえば、進むも地獄、退くも地獄、というような事態である。にっちもさっちもいかないいどん詰まり。そのようなとき、どんな最善策があるのか。

たとえば先の、夫の浮気に悩む四十代半ばの主婦の場合。離婚して、親子三人の住む部屋が無料で提供され、主婦の仕事で三人の生活ができ、高校の学費は免除、というのが最善であろう。だがほとんど実現不可能。最善策はいつも実現できないのだ。だとしたら、次善か次々善か知らないが、様子を見て待つ。それが「日薬」「目薬」である。あるかないかの希望をもちながら、次善の策で耐えるしかない、ということはあるのだ。

「問題設定が可能で、解答がすぐに出るような事柄は、人生のほんの一部でしょう。残りの大部分は、わけがわからないまま、興味や尊敬の念を抱いて、生涯かけて何かを摑みとるものです。それまでは耐え続けなければならないのです」。髪の毛をケアすることを「トリートメント」というように、困難な相談の場合も、治療ではなくて、「傷んだ心を、ちょっとだけケアすればいいのです」。

迂遠《うえん》である。しかも頼りない。決断を必要とするビジネスの世界では通用しない。しかし人生では、様子を見て、「耐え続けなければならない」ことがある。「寛容は大きな力を持ち得ません。しかし寛容がないところでは、必ずや物事を極端に走らせてしまいます。この寛容を支えているのが、実はネガティブ・ケイパビリティなのです」

寛容になるには、人間に対して誠実でなければならない。理非を知らなければならない。寛容になるのもまた能力である。

人間に正解も最善もわからない

二〇一八年の七月、オウム真理教の死刑囚たち七人が死刑執行された。そのことについて内田樹《たつる》が「死刑について」という文章を書いている（ブログ「内田樹の研究室」二〇一八・七・八）。

このようにいっている。「死刑については、いくつものレベルの問題があり、軽々に適否を論じることはできない。『国家が人を殺す死刑という制度そのものの存否』にかかわる原理的な問いがあり、『死刑は犯罪の予防に有効なのか』という統計的な問いがあり、『被害者遺族の怒りや悲しみはどうすれば癒されるのか』という感情の問題があり、それらが入り組んでいる。死刑の存否《そんぴ》について、『どちらか』に与《くみ》して、断定的に語る人を私はどうしても信用することができない」

死刑廃止は欧米をはじめとして世界的な趨勢《すうせい》であり大勢である。だがここで死刑制度の是非を考えたいのではない。次のような内田の考えは「ネガティブ・ケイパビリティ」そのものではないか、と思ったのである。

「世の中には、答えを出して『一件落着』するよりも、『これは答えることの難しい問いである』とアンダーラインを引いて、ペンディングにしておくことの方が人間社会にとって益することの多いことがある。同意してくれる人が少ないが、『答えを求めていつまでも居心地の悪い思いをしている』方が、『答えを得てすっきりする』よりも、知性的にも、感情的にも生産的であるような問いが存在するのである。そういう問いは『喉に刺さった小骨』のように、刺さったままにしておく。そうしているうちに、いつのまにか『小骨』は溶けて、喉を含む身体そのものの滋養となる（ことがある）」

内田樹も、難問はそのままにしておけ、といっている。するとそれが「滋養となる（ことがある）」というが、まあ、そういうこともあるかもしれないが、ほとんどの場合、滋養にはならない。このことでわたしが考えるのは、北方四島、竹島、尖閣諸島の帰属問題である。これはもう、現状のままにしておくしかないのではないか。ロシアも韓国も中国も絶対に折れない。これこそどん詰まりである。自国領だという主張を撤回する必要はないが、「ノーマンズ・ランド」として、もう永遠にほうっておくしかない。

このような問題には正解も最善もない。こちらの正解は向こうにとって不正解だし、向こうの最善はこちらにとって最悪である。相手のあることだし、そういう話し合いが可能かどうかもわからないが、実力行使の領土紛争になるよりははるかにましである。ただし、相手にも「ネガティブ・ケイパビリティ」が求められる。

それで、内田はさらに論を展開しているのだが、結局はこういっている。「彼らの死刑執行にはつよい違和感を覚える。『それで、ほんとうによかったのか』という黒々とした疑念を拭うことができない」。これがかれのいいたいことである。「非道なものたちが捕えられ、死刑を宣告された時には、そこに一抹の『ためらい』はあって然るべきだろうと思う」と。

これは内田樹の考えだから、それはいい。ここでどうこういう問題でもない。わたしには判決が正しかったのか否か、はわからない。法律が完璧だとは思っていないし、加害者がすべて適切に裁かれているとも思わない。警察の捜査も、力関係で捻《ね》じ曲げられることがあることもわかっている。しかし同時に、「極刑」を望む被害者側の心情もわかる。わたしは暫定的死刑肯定論者である。鬼畜みたいな人間はいるからだ。

まあ、わたしが何論者であろうと、そんなことはいい。もうひとつ、「ネガティブ・ケイパビリティ」に関する引用を、こういうものでもよければ引いてみたい。第一章でも引用した長谷川卓の時代小説からである。こういう引用は楽しい。読者はあまり好まないかもしれない。

六十八歳の隠居・二ツ森伝次郎。凄腕の元同心。奉行に乞われて、永尋《ながたず》ね掛り同心として再出仕する。つまり、コールドケース（迷宮入り事件）を再調査するのだ。町民に聞き回るなかで、こういう場面がある。

「（……）私どもは、間違っていたのでしょうか」
「間違っちゃいねえ。それが正しかったのかどうかは、分からねえがな」
「では、どうすればよかったのです？」茶の羽織が言った。
「それを考えるのは、お前さんたちだ。生きるってのはな、出しようのねえ答えを考えるってことなんだ。俺にはそれしか言えねえ」

（『戻り舟同心　夕凪』祥伝社文庫、二〇一六）

これも拙速に答えを出さない、ということであろう。考えつづけるということだ。いかにもまどろっこしいが、ある意味、あえて答えを出さない、ということでもある。

解決がつかない問題を、安易に解決してはいけない

「死刑」の問題は、是とするにも非とするにもいずれのいい分にも理があり（感情的にか思想的にか）、一概にどちらが正しいとはいえない。期せずして内田樹の盟友である平川克美もまた、おなじような問題を取り上げている。それは「解決がつかない問題」についてである。「死刑」も「解決がつかない問題」であることはおなじだが、わたしたちにとって、とりあえず解決がつかなくても困る問題ではない。

平川がいうのは、もっと身近な切実な問題である。すなわち「どちらも自分にとっては大事であって、選ぶことができない。あるいは、一方を立てれば、一方が立たない」というような問題である。平川はこういっている。「わたしは、解決がつかない問題を、安易に解決してはいけないと思います」。それでもなんとかするしかないが、その場合「解決がつかないままに」「『やむを得ず、引き受ける』こと以外にはないように思います」（『21世紀の楕円幻想論――その日暮らしの哲学』ミシマ社、二〇一八）。

平川が例を挙げているのは、「都市」的なものと「田園」的なもの、あるいは「相互扶

助」と「利己的な欲望充足」の場合である。「都市」と「田園」は切実でもなんでもないが、他者との付き合いと自分の自由の問題は、だれの身にも起こる重要な問題である。大概、揉めることが多い。他者が会社の同僚とかだったらまだなんとかなるが、家族や仲間だったら縛りはちょっときつくなる。

嫁と姑の対立の間に立つ夫（息子）、というのが一番わかりやすいかもしれない。家族が大事か仕事が大事かも、これに入るだろう。親の最期で延命措置をするのかしないのか。自分の生活や仕事のために、親を老人ホームに入れるか否か。他にもっと適切な例があるかもしれない。あるいは大谷翔平の投手か野手に専念か、それとも二刀流でいくのかの選択も、本人にとっては（球団にとっても）これに該当する問題だったのか。

そうなった場合、平川は「合理性が大事なんじゃないんですよ。どちらか一方を切り捨ててしまえば簡単なんです。でも、どちらも、まあ、やむを得ず引き受けようじゃないか」という。いやそもそもこんなときに「合理性」なんぞの出る幕はないと思う。最初から論外である。「やむを得ず引き受けよう」というのは、どちらもやるということである。身体的にも精神的にも最後まで「引き受ける」ということである。

平川克美は、母親を八十三歳で亡くしたあと、八十五歳の父親の介護をした。父親の

「イチモツを引っ張って、ごしごし洗える」ようになった。便秘にならないよう父親の尻の穴に指を突っ込んで「ウンチを掻き出し」たりもした。大したもんだ。その次第は『俺に似たひと』(朝日文庫、二〇一五)に詳しいが、いい本である。

ところで、わたしは四人兄弟の次男である。年老いた父は長年、わたしの弟(三男、独身)と暮らした。母は五年前に他界していた。弟は食事など父の一切の面倒を見た。父の認知症が進み、体も弱ってくると、兄が介護付き病院に入れてはどうか、といってきた。わたしは気が進まなかったが、同意した。弟ひとりにいつまでも面倒をかけつづけるわけにはいかない。

父はされるがままだった。入院し、その後二、三度ほど転院した。深夜の付き添いの問題で、わたしが病院と揉めた。兄から苦情が来た。わたしは父を病院から連れ戻すよう主張した。父と母は、戦後の貧苦のなか、四人の息子を育ててくれたのである。それが、いまや初老となった四人の息子たちは、老父ひとりを持て余している。世の中は老父母を老人ホームに入れることがふつうである。専門家も勧める。自宅でひとりで親を介護するのはおやめなさい、介護疲れで潰れてしまいますよ、と。

こういうときに聞く言葉は「おれたちにも生活があるからな」である。わたしは、わたしの〝生活〟なんかどうでもよかった。どうせ大した〝生活〟ではない。わたしは会社を辞め、残りの人生で、ひとりで父親を最後まで面倒を見ようと思ったのだった。それでわたしが、甘さを思い知らされて潰れるのなら、ふたりで潰れてもかまわないと思った。時々、老々介護で息子が親を殺害したというニュースに接することがあるが、わたしは息子に同情的である。到底、責める気にはなれない。

だが父はわたしだけの父ではない。兄は兄なりにいろいろ考えたはずだ。わたしは自分の考えが正しいと思い込む癖があり、勢いで突っ走ってしまうところがある。兄に詫びたかったが、その前に兄は急死してしまった。結局、父は病院で死んだ。八十九歳だった。わたしは母の死のときもそうだったが、なにもできなかった。口ほどにもないやつ。

自分ひとりの覚悟で「やむを得ず、引き受ける」ことはいいが、相手や周囲がある場合は限度がある。なにが最善なのかがわからないのが人生である。選ぶのはつねに次善か次々善である。それも人生である。それでいい。解決できない問題は、ある。全員がしあわせになる解決方法はない。どっちを選んでも、だれかが不幸になる。しかし、しあわせだった者も、いずれは死ぬ。みんな死ぬ。そこで解決のつかない問題は、はじめてなしくずし的に終わる。解決したのではない。問題が消失するのである。

「まじめ」で「おとなしい」人間の味方をする

わたしたちの多くは、地味で、無名の、いわばふつうの人生を送る。まじめで、気が弱く、従順で、その他大勢の人生だ。こういわれると多くの人は、いい気はしないだろうし、だれも認めたがらないだろうが、まあそうだな、と受け入れてもらえると助かる。

ばかいうな、おれは物怖じなどしない、いっぱしの男よ、という人がいるだろうが、それならそれでよろしい。他人に迷惑をかけずに生きていってください。いかに自分が大した人間であるか、を他人にアピールしないように。対応がめんどうくさいから。

人間の性格でマイナスとされるもの。まじめ、おとなしい、気弱、口下手、陰気、消極的、悲観的、非社交的、一人行動型、ようするに内向型。これらの性向にいくつか該当する人は、他人から「まじめ」で「おとなしい」やつと決めつけられる。そういうことをいいたがるやつは、決まって自分はそうじゃないぞ、ふまじめで、明るくておもしろい人間だということをアピールするのだが、明るくておもしろかった試しがないのである。どっちにしても、五十歩百歩、目糞鼻糞の類いで、ろくなやつじゃないのだ。

ほとんどの人は、適当にまじめで、適当にふまじめで、適当に明るくて、適当にはしゃいで、適当に悪ふざけをするような人であろう。こういう人が世渡り上手といわれるのである。世渡り上手とはいい意味で使われないが、「まじめ」も決して褒め言葉ではない。というより、いささかの侮蔑が含まれている。「まじめ」といわれる人はその侮蔑を甘んじて受け入れていいと思う。そうではないところを見せようと、つまらぬことをいったり行動したりすることは余計なことである。

わたしは断然「まじめ」の味方である。自分で自分を「まじめ」というのもおかしいが、自分のことだからである。おとなしい、気弱、口下手、根暗、非社交的、一人行動型にも大いなるシンパシーを抱く。わたしは「まじめ」を擁護するあまり、ここでちょっと無理かもしれないことをあえて書く。自分を肯定したいのではなく、世間で不当に貶《おとし》められている「まじめ」を肯定するためにである。

いい仕事をするのは断然、「まじめ」な人間である。誠実な人間、といい換えてもいい。これは疑いがない。集中力があり、責任感をもっているからである。根気があって粘り強い。集団嫌いでも、一対一の関係は好きだから、信頼感を大事にする。集団好きのお祭り人間は、一対一の関係が苦手である。一人行動を好むのは物事を考えることでもある。人に対する配慮にも気がつく。

寛容になれるのは気弱な人間だからでもある。見下される人間の心理がわかるからだ。

「まじめ」で「おとなしい」ことと、リーダーシップの能力は矛盾しない。勇気と決断とも矛盾しない。「まじめ」は融通の利かない形式的な堅物でもない。消極的性格も抑制的性格と考えれば、つねに冷静な性格だということになる。

わたしが夕方、町から自宅まで自転車でぶらぶら帰る途中、下校する中学生に会うことが多い。数人で笑いながら帰る生徒がいれば、ふたり連れもいる。わたしがいつも気になるのは、ポツンと離れてひとりで帰っている生徒である。たまたまかもしれず、本人にしてみれば、べつにどうということもないかもしれない。ではあるが、わたしは「頑張れよ」と内心で声をかける。その子が小さい体をしている場合はなおさらだ。わたしの内心の激励など、なんの役にも立たないが、かれや彼女には、負けるなよ、といいたい。

自分だけの「生活術」

考えることと、それを言葉にすることと、実際にやることとは、一致するのが望ましい。ようするに、言行一致のことだが、そのことは人間の信頼の土台である。だが、いかにこの人間の信頼を裏切る者の多いことか。ハリウッドの監督や有名俳優のセクハラが暴露され「#Me Too」運動として世界に広まった。日本でも同様である。わたしが驚いたのは反権力・人権派のジャーナリスト広河隆一がパワハラ・セクハラで糾弾され、自ら認めたことである。これには驚いた。もちろん有名人だけの問題ではない。

哲学者の鶴見俊輔は「思想はまず、信念と態度との複合として理解される」と考えた。これについて、鶴見に私淑《ししゅく》した上原隆はこういっている。「鶴見は、思想を支えるもの、思想の底にあるものとして態度を考えている。／態度は彼の思想の中心に位置する概念だ」。つまり、人間は態度で評価されるというのだ。

「態度とは、しぐさや話し方、出来事への対応や人とのつきあい方、瞬間的な反射（ぶつかりそうになると目をつむる）や無意識の習慣（店の入り口の前で立っている、自動ドアーだと思って）、仕事の仕方や暮し方、集団の中での位置の取り方や人生への姿勢……などのことだ」（上原隆『「普通の人」の哲学』毎日新聞社、一九九〇）。つまり、その人間がする行動の一切のことである。

思想が「信念と態度との複合」というのは独特で斬新である。上原はさらにこういっている。「鶴見は思想として態度を重視している。たとえば、男女平等を主張している学者が、家に帰って、脱いだ服を妻にかたづけさせているとしたら、その態度の方に彼の思想はあるのだと見る。／人の思想は態度によって支えられ、態度によって表現されているのだ」。これは言行の不一致であり、この学者はいんちき学者だ、ということになる。

鶴見俊輔にとってこの問題は無視できないものだった。次の鶴見の文章は、思想家としての良心を示していて重要である。

「大学出の知識人の場合、自分たちの収入、地位、名声を無制限にあげて行くことと、進歩的な思想を保つこととは背反する。かれらの場合、なにかの仕方で人工的に運河を自分の生活につくらなくてはならない。子供を制限するとか、自分の出世を制限するとか、収入を制限するとか、何かの仕方で損をする以外に、抜け道はない。実際この問題（理想ばなれの問題）を解いている人は大部分、自分自身に特有なこの種の生活術をもっているが、日本の学問の言語に制約されて、これらの事情について語ることがない。私は、自分ではこの十年、この種の問題にもっとも悩んだ」（「かるたの話」『鶴見俊輔著作集　第三巻』筑摩書房、一九七五。上原著からの孫引き）

「生活術」とはようするに生活のなかで自分で決めた決め事のことである。「大学出の知識人」にとって、世俗的欲望に制限をかけるためには「何かの仕方で損をする」こと、というのが意表を衝かれる。「進歩的な思想」をもたなくても（「大学出の知識人」でなくても）、社会の醜い支配的思想になじめないときには、「かまわんよ、損しても」という覚悟が必要になる。むろん損の程度にもよる。暮らしが破綻するような損は無茶だが、多少の損をすることはかまわないという考えは、わたしは好きである。

上原はこういっている。「自分の暮しのなかに『生活術』といった歯止めをつくらないと、次々に現実と妥協し、気づいてみたら、学生の頃には否定していた立場に立っていたということになりかねないというわけだ。もちろん、まったく妥協しないで生きるということはできないと思う。そして、だからこそ何もかも否定するのではなく、また何もかも肯定するのでもない『生活術』という方法が参考になる」

鶴見俊輔の「生活術」は、上原にいわせれば、このようなものであった。毎年八月十五日に安田武、山田宗睦《むねむつ》の三人のなかでひとりだけ坊主頭になる、これを十五年間つづけたこと。他に六月十五日にデモをする。自分のことを「僕」でも「俺」でもなく「私」としかいわない。コミュニケーションの手段として手紙を重視した、などがそれにあたる。坊主頭になることは有名だった。これらの他にもあったはずである。でなければこのことで「十年」も悩むことはなかったはずだが、しかしそれが具体的にはなんだったかはわからない。

上原自身は「『自分に誇りをもってキチンと生きる』ために、自分なりの生活の律し方

（生活術）をもつことを、私は提案する」と書いて、自身でも実践した。それは、①会社でのお茶汲みを自分でする、②誰でも「――さん」と呼ぶ、③子供を作らない、④家事をする、の四つである。

上原が勤めた会社は社員が五人しかいなかったが、①については、最初男たち（三人）から反発されたという。そのうち最年長の管理職の人が、ときどき自分でお茶を沸かすようになった。②は「序列的な意識を少なくしていきたい」ということから始めたようだ。「職場では女性的（『おかまっぽい』と言った）で気持悪い、と言われた。無視することにした。友達からは、呼び方を変えたって序列的な関係は変わらないと批判された。そうかもしれない。でも何もしないよりは、少しは変えることに近づくはずだ」

上原隆は自身の「生活術」を行うことで他人へ影響を与えたいと思ったのか。他者の行動を「変え」たいと思ったのか。自らを律する「生活術」の趣旨に悖《もと》るのではないか。とはいえ、年下でも女性でも、だれでも「さん」付けで呼ぶことは、わたしはいいことだと思う。だが日本人はかえってこういう人を軟弱と見て舐めがちである。逆に「おい、◯◯」と親分風を吹かすような威圧的な人間に弱い。

③についてはこうである。「私は子供好きの方だと思う。もし、自分の子供がいたら、

その子のために、何でもしてやるに違いない。自分の考えに反することだってやってしまうだろう。だから、私には子供がいない方がいいのだ、と理由をつけた。それと、子供を育てるのに費やす時間が惜しいと思った」。妻も「いらないわ」といった。

「子どもを作らない、というのがすごい。わたしはこういう、作らない理由というものが好きではないのだが、それをいってもしかたがない。上原夫婦の問題である。自分の「生活術」も、他人にはなかなか理解されないということは知っていたほうがいい。他人に知らしめることでもないのだけど。④については省略。もういいだろう。

第六章　社会的価値と自分的価値

「何がどうなろうと、たいしたことはありゃあせん」

人類の歴史のなかのある一点。わたしという人間が出現し、数十年間を生きて、消滅する。数十年間といっても、気の遠くなるような人類の長い歴史のなかでは、点にもならない。かぎりなく無。何百億分の一ミリにもならない。そしてわたしが生まれる前も、消滅したあとも、宇宙にはなんら変わらない無窮《むきゅう》の時間が流れている。どんな人間もおなじである。

なのに人間は、自分はもてた、金を儲けた、偉くなった、有名だ、とやっている。人を騙し、傷つけ、殺す者もいる。ほとんどの人は、結婚し、子どもを産み、老いて、死ぬ。偉ぶっている者も、金を儲けた者も、死ぬ。あるいは、ひとりの者も、死ぬ。それで、これがしあわせだとか、いやそうじゃない、などといい合っている。

だが人類史から見れば、一個人の数十年間の生など、まるで無である。けれどわたしの人生の数十年間は、現実に生きているわたしにとっては、感覚としては、人類史よりも長いのである。現に目の前を流れてゆく一秒一秒も、一分間も一時間も、一日も、じっと感じてみれば、とても長い。それが一年間となり、数十年間となる。そして、人類史とか宇宙などといっているが、そんなものは頭のなかで成立しているだけで、実感のしようがないのだ。そりゃそうだ、実感などできるわけがない。

人類史のなかのわたしというのは客観的事実である。日本史でもよい。縄文時代からでも約一万五千年、そのなかの七十年。だがこの事実自体はほとんど無意味である。他方、この無意味を生きるわたしという存在の七十年は、主観的現実である。生後数年間のことは覚えていないが、その後の六十数年間は、見て、聞いて、体験して、ほとんどを覚えている。わたしは日夜、わたしとともにいたからである。

宮本輝の『流転の海』（全九部）は、宮本輝の父親をモデルとした作品である。戦後を生きた親子三人の暮らしを描き、完結まで三十五年間を費やした大河作品である。めっぽうおもしろい。そのなかで、父親がモデルである松阪熊吾が、ことあるごとに含蓄のある言葉や警句を吐く。これがまたおもしろい。

「馬鹿亭主、いいかいいかとやたら訊き」。まじめな言葉はこうである。「わしが死んでも戒名《かいみょう》なんかつけるな。この世で呼ばれたことのない名前で呼ばれても、わしには誰のことやらわからんけん、返事のしようもありやせん」。あるいは「心根は、きれいでなきゃあいけんぞ」「馬鹿な親のもとで育ったら、その子も馬鹿な親になってまた馬鹿な子を産みよる」。さらには「自分の自尊心よりも大切なものを持って生きにゃあいけん」。

そのなかに「何がどうなろうと、たいしたことはありゃあせん」というのがある。これがわたしは好きである。これを読んだとき、人間にとって一番大したことは、死だが、自分の死も、家族の死も、大したことじゃない、と考えているのだろう、と思った。いや、家族の死よりも、自分の死は「たいしたことはありゃあせん」のではないか。

宮本輝は『流転の海』完結後に行われたインタビューでこのようにいっている。

インタビュアー　父君のたくさんの言葉や教えてくれた箴言などで、「流転の海」を書くにあたって、また人生において、励みになった言葉はございますか？

宮本　それはもう、「なにがどうなろうと、たいしたことはありゃあせん」という言葉です。小説にはあえて書かなかったんですが、僕が、「でもお父ちゃん、明日死ぬって言われたら、それはたいしたことやろ？」と聞いたら、「それは死ぬだけじゃ」と答えたんです。死もたいしたことじゃない、と。死は永遠の終わりではなく、もう少し違うような気がすると言うんですね。「それは何で？」と聞いたら、「お前も戦場に行ったらわかる」と答えました。

この考えは、客観的事実から見た一個人のことだと思う。人類史から見れば、人間の死などなにほどのことでもない。自然のことである。一個人の為すこと、かれに起こることも、ほとんど意味を失っている。すべて時間のなかに埋もれてしまう。人間のすることなど全部大したことがない。アメリカと中国の覇権争いも大したことがない。最悪でも、せいぜい核戦争が起こるだけだ。これは虚無の思想である。

宇宙の広大さから見れば、自分の悩みなんかちっぽけなことだ、なんてことがよくいわれて、それで悩みの解決にはなんの役にも立たないが、客観的事実から自分（個人）を見ることは、自我が膨張しないためにも、大切なことだと思う。「戦場」とは客観的事実の小状況の意味である。そこでは人間が死ぬことがあたりまえで、死なないことのほうが奇跡的である。死に意味などなく、まさに「それは死ぬだけじゃ」でしかない。

世界は強者の味方である

人類史から見たわたし、宇宙大から見たわたし、といってもなんの実感もないだろう。わたしという存在は無である、ということを身近に感じることができるのは、社会（もしくは世間）においてである。いやいや日本という規模、世界という規模なら、おれは有名だぞ、影響力はあるぞ、という人間がいるだろう。一億二千六百万分の一、あるいは七十五億分の一。しかしそれも所詮は「たいしたことはありゃあせん」のである。

　だが、それは「たいしたこと」なのだ、ということにして、世界が成立していることも間違いはない。つまり人間の作った意味で成立している。だから、マンションにするか一戸建てがいいか、米中交渉はどうなるか、日ロ領土交渉はどうしたらいいのか、は問題になるのである。

　人々は強者・成功者・有名人が好きである。有名人が目の前に現れると、うれしさのあまり泣き出す女子中学生や女子高校生や若い女性がいる（なかには、じいさんもいる。びっくりした）。おばさんたちも大騒ぎである。メディアもそんなものにしか興味がない。NHKがニュースでAKB48の総選挙を国民的行事として放映したときには驚いた。

　マスコミは高校や大学の部活の監督やコーチの暴力事件を報じるが、他方ではスタッフらに理不尽なふるまいをする演出者には、黒澤天皇、蜷川天皇、といって持ち上げる。選手たちを平気でびんたした星野仙一は「闘将」「猛将」である。

　わたしは、人間のすることに大したことはない、と思うようになった。つまり、どうでもよい。所詮、地球の上の出来事ではないか。資産が何億円あろうと、売り上げが何兆円あろうと、大したことではない。たかが金の問題ではないか。もう有名人も、豪邸も、外車何台も（これらは昔からつまらんことだと思っていた）、優勝も、何連覇も、通算何勝も、史上最年少も最高齢も、観客動員数も、文学賞も映画賞も、企業名も大学名も役職名も、オーラもカリスマも、わたしにとっては大したことではない。大したことか、そうでないかは、まったくわたしの恣意《しい》で、感覚である。根拠なんかあるわけがない。

もちろん、社会（世間）はそういうことで成り立っているから、社会にとっては大したことであり、こういうことは社会の価値としてありつづける。社会（メディア）は主観をもってはいけないから、数字や耳目を引き付ける言葉などでしか、何事も評価できない。客観的事実としては、わたしは無にすぎないが、主観的現実として、わたしは世界のすべてである。わたしが存在しなければ、そもそも客観的事実や主観的現実を考えることもないのである。主観的現実が最初である。

わたしたちの欲求は、社会（世間）の欲求に浸食されていて、なにが自分の真の欲求なのかがわからない。社会で価値あるものとして紹介されると、いっぺんに自分のなかに欲求が掘り起こされてしまう。行列のできる店がそうである。日本初上陸とされる店もそうである。観光旅行先、衣服、モノ、考え方、すべてそうである。元々自分の欲求は社会（世間）の欲求である。仕事も趣味もスポーツもすべて社会が用意したものである。社会的価値も伝統的なものと、新規のものがある。ふつうのラーメンでは飽き足らず、超激辛担々麺にまで行きついてしまう。

二〇一五年上半期の直木賞受賞作の東山彰良『流』（講談社文庫、二〇一七）は、台湾が舞台の小説だが、そのなかにこういう場面が書かれている。刑務所に入っていた幼馴染みの友人の趙戦雄が出獄してくる。かれを迎えた葉秋生に趙が「もうヤクザはこりごりだぜ」という。そのあとの言葉にわたしは感動した。

「おれがいまなにがいちばん食いたいかわかるか？　臭豆腐《ツォウドウフー》さ、死ぬほど食いたかった。あとは焼餅《シャオビン》油條《ヨウティアオ》だ、わかるか、秋生、ヤクザやって汚え金《きたね》をしこたま稼いだところで、おれが食いたいのはけっきょく一皿十元の臭豆腐なんだ、小学生が学校帰りに買い食いするようなもんのためにわざわざ刺されたり撃たれたりする必要なんかねえ、なあ、そうだろ、臭豆腐と焼餅油條、それがおれの幸せなんだ――」

とにかく金が欲しいという闇雲な欲求は、社会的（世間的）価値を刷り込まれた結果である。その「汚え金」で買う物も高い料理も世間で評判のものである。頭のなかにあるのは、すべて社会的価値ばかりなのだ。しかしほんとうに欲しい物は子どもの小遣いの何十円かで買える臭豆腐と焼餅油條。「それがおれの幸せなんだ――」

社会的価値のほとんどに「ケッ」と思っているわたしなんかにはよくわかる話だ。もし臭豆腐と焼餅油條が最高だと思っているのなら、他のものを次々と試してみるまでもなく、たいていのものが「大したことはない」と思うはずだ。そしてそれでいいのである。ほとんどのものが「たいしたことはありゃあせん」のだ。

最近のプロ野球選手が好きな高級腕時計は猫も杓子《しやくし》もウブロである。ちょっと前まではオメガ、ロレックスだったではないか。その後、タグ・ホイヤー、フランク・ミュラー、パテック フィリップとなり、いまやウブロかオーデマ ピゲ（間違っていないか）。だが、おれはセイコーでいいとか、カシオGショックが好きだとなれば、いま話題の◯◯、いま人気の◯◯など、どうでもいいことになるのだが、やはり無理なんだね。

どいつもこいつも「受けねらい」

昔からおもしろい人間は学校でも会社でも人気があったのだろう。しかしいまや、だれもかれもがおもしろい人間と思われたがっている。お笑い芸人の価値が急上昇し、笑いの価値が見直されたのである（それに比して、「まじめ」という価値はただ下がり）。それにつれて、「ボケ」「突っ込み」「嚙《か》む」「スベる」「イジる」「寒い」などの芸人言葉が日本社会を席巻したのである。席巻、は大げさか。

その風潮に、まるでユーモアセンスのない人間の代表である政治家までが毒され、かれらが講演や政治パーティーや内輪の会合などで、受けようとつまらんことをいって失敗するのである。「おもしろい人間」という評価が欲しくて「笑いを取りたがる」のだ。その結果の暴言や失言である。なんだこれ？

やめりゃあいいのに、どんな場所にでもそういう、「おれ、おもしろいだろ人間」たちが蔓延《まんえん》している。テレビはいうまでもなく、議場や会社や大学にも、上から下まで、年寄りから若いのまでいる。それで日本中で「スベッた」「嚙んだ」「受けた」とやっているのだ。若い女性に、どんな男が好きかと訊けば、おもしろい人、というのがかならず三位以内に入るはずである。本心かどうかわからないが、気取った「イケメン」より、たぶん上である。

わたしは自分がおもしろくない人間だから、逆におもしろいことは好きである。だが昨今の「受けねらい」は、言葉のとおり、あきらかに「おれ、おもしろいだろ」をねらった無理やりである。人を笑わせたいというよりは、自分のアピールのほうが勝っているのだ。それがしらける。わたしはたいていのことがおもしろくないタチだから、「おれ、おもしろいだろ人間」のほとんどがおもしろくない。

わたしがおもしろいと思うのは、たとえば宮沢章夫や穂村弘の文章なのだが、わかりにくいか。お笑いでいえば、銀シャリの橋本直、ジャルジャルの後藤淳平、ハライチの澤部佑、三四郎の小宮浩信が好きだが、そんなことはどうでもいい。人はなぜおもしろい人間と思われたいのだろうか。人を笑わせることは悪いことではない。しかし他人を出汁《だし》にして受けようとか、無理やり笑いを取ろうとすると、スベるどころか、引いてしまう（この「引く」も芸人言葉）。笑いが自己アピールの手段になってしまったのである。

ノーベル賞を取った山中伸弥教授、サッカーの長谷部誠、中島翔哉、ロサンゼルス・エンジェルスの大谷翔平、スピードスケートの小平奈緒、将棋の藤井聡太、卓球の張本智和たちの、地道で驚異的な努力をするまじめさが評価されているが、価値として、まじめさがおもしろさに取って代わることはない。

日本社会が幼稚を許容している。テレビ番組はもろ幼稚である。スポーツ番組はアスリートを取り込もうとする。番組で幼稚なことをさせようとする。アスリートにも受けようとする者がいる。マイナーなスポーツをやっている者は、その種目の宣伝のために露出を欲する。ただ右に挙げたアスリートたちがバラエティ番組に出ることは少ない。

「おもしろくなければテレビじゃない」というのがいまでもあるのだろう。しかしテレビの考える「おもしろさ」がおもしろくない。ただ幼稚なだけであり、テレビ局が日本の幼稚化に拍車をかけている。アナウンサーが率先して、笑わせようとしている。しかし本田圭佑も香川真司もダルビッシュ有もバラエティには出ない。ばかばかしいことをやらされるとわかっているからだ。浜田雅功が司会の「ジャンクSPORTS」は、ほんとうにおもしろいからいい。アスリートに対する敬意も払っている。

十四歳の「稚心を去る」

唐突で恐縮だが、幕末の福井藩に橋本左内という人がいた。まさに麒麟児《きりんじ》と呼ばれるに相応《ふさわ》しい男だった。

六歳のときに学問を始め、十五歳で大坂の緒方洪庵《こうあん》の適塾に入塾、三年間医学とオランダ語を学ぶ。二十歳のとき、江戸の蘭学者・杉田成卿《せいけい》に師事し、西洋の歴史、地理、化学、兵学などを学んだ。二十二歳のとき、藩主松平春嶽《しゅんがく》により福井藩校明道館の幹事に任命された。松平春嶽は左内について「その人物見識は、余人をはるかに越え、しかも性格は、あくまで温和・純粋で謙虚さを失わず、一度も人と争ったことがなかった」と、最高の賛辞を贈っている。

緒方洪庵は左内を、「池中の蛟竜《こうりよう》」（雌伏《しふく》している傑物《けつぶつ》）と評した。藤田東湖は、福井には橋本左内がいる、といったという。七歳年上の西郷隆盛は、はじめて左内に会ったとき、体が小さく色白で弱々しい女子のような左内を見下したが、すぐにその非凡な知識と才能に圧倒され、心服したという。西郷は左内からもらった手紙を死ぬまで持ち歩いた。だが左内は安政の大獄で捕縛《ほばく》され、安政六年（一八五九年）、満二十五歳で斬首刑に処された。武士に対する処遇でなく、犯罪者扱いをされたのである（春嶽も隠居・謹慎を命じられた。当時まだ三十二歳）。

左内は満十四歳のとき、自らを戒めるために「啓発録」という短い覚悟の書を執筆した。現在でいうと中学二年のときである。「稚心《ちしん》を去えらる」（去稚心《きよちしん》）、「気を振ふ」（振気《しんき》）、「志を立つ」（立志）、「学に勉《つと》む」（勉学）、「交友を択《えら》ぶ」（択交友《たくこうゆう》）の五点について思うところを述べている。一番はじめにもってきているのが「稚心を去る」だ。とても十四歳が書いたものとは思えない。

「受けねらい」や駄ジャレ、甘え、下ネタ、絵文字、スイーツ好き、飲み屋の「ママさん」好き、パンダ好き、可愛いもの好き、ゆるキャラ、ようするに短慮、軽薄、感情的、自己中心的といった子どもじみた世間的価値に依存する日本の男は、十四歳の少年から叱咤されるがよい。訳文で引いてみる。長くなるが、途中でカットすることができない。十四歳のサムライの子の文章だ。我慢してお読みください。

稚心とは、おさな心、すなわち子供じみた心のことである。果物や野菜が、まだ熟していないものを稚というように、物が熟して美味になる前、まだどこか水くさい味がする状態をいうのである。どんなものでも、稚といわれる間は完成に至ることができない。

人間でいえば、竹馬・凧《たこ》・まりけりをはじめ、石投げや虫取りなどの遊びばかりに熱中し、菓子や果物など甘くておいしい食物ばかりをむさぼり、毎日なまけて安楽なことばかり追いかけ、親の目をぬすんで勉強や稽古ごとをおろそかにし、いつでも父や母によりかかって自分では何もせず、あるいはまた、父や兄に叱られるのを嫌って、常に母のかげに隠れ甘えるなどといったことは、すべて子供じみた水っぽい心、つまりは「稚心」から生ずるのである。それも、幼い子供の内は強いて責めるほどのこともないが、十三四歳に成長しみずから学問に志す年齢になって、この心がほんの少しでも残っていたら、何をしても決して上達せず、将来天下第一等の大人物となることはできない。

源氏や平氏が活躍した時代から、織田信長など群雄が割拠した時代ごろまでは、十二三歳ともなると父母に別れを告げて初陣に参加し、見事敵を討取って武名をとどろかせた人も少なくない。そのような抜群のはたらきは、稚心をすっかり取去っていたからこそできたのである。もし、少しでも稚心が残っていたら、両親の庇護の下からちょっとでも離れることはできなかったであろうし、まして戦場へ出て敵の首を討ち、武名をあげるなどということのできたはずがない。

更にまた、稚心を取除かぬ間は、武士としての気概も起こらず、いつまでも腰抜け士《さむらい》でいなければならない。そのため、わたくしはりっぱな武士の仲間入りをするために、第一番に稚心を去らねばならぬと考える。

（伴五十嗣郎全訳注　橋本左内『啓発録　付書簡・意見書・漢詩』講談社学術文庫、一九八二）

いかがだろうか。堂々たるものではないか。二十一世紀に生きるわれわれは、かれより立派になっているか。小利口にはなったかもしれないが。

自分で自分を教育する

いうまでもないが、橋本左内は有毒の男らしさを誇るのではない。むしろ左内は体小さく細く静かな男だった。左内は自分で自分を教育している。それが成長するということだ。自分が他人にどう思われるかが自分の行動基準ではなく、「自分はこうする」という規範がなくてはならない。

稚心があるうちは「いつまでも腰抜け士《さむらい》になり居る候ものにて候」(原文)。稚心を去ることによって「士の道に入る始めと存じ候なり」(原文)。いまでいうなら自立したひとりの男になるため、ということになろう。そのために必要なことが「振気」「立志」「勉学」「択交友」である。

「気を振ふ」の項ではこのようにいっている。まるで現代の人間のことをいっているようである。「長く無事平穏な時代が続くうちに、武士本来の気風が衰え、気力も弱々しくなり他人に媚《こ》びへつらい、武士の家柄に生まれながら武道の修行を忘れてしまい、出世を望み遊興におぼれ、何事もまず損得を計算し、ことの是非を二の次にして大勢につくといった情けない武士が多くなった。そのため昨今の武士は（略）腰にこそ大小を帯びてはいるものの、内実は呉服反物の包みをかついだ商人や、樽を背にした樽拾いにも劣るほどで、雷鳴や犬の声にも後ずさりするような、腰抜けになってしまった」

　左内は気性は強かったのである。現在はなにかというと「平和ぼけ」といわれるが、当時の幕末も二百年の太平楽で腑抜け侍が多数いたと思われる。人間は緊張感がないと、おなじような惰弱な人間になるということか。「もし腰の大小を奪い取って、武士としての形をなくしてしまえば、その気概や思慮の深さなど、一つとして町人百姓より勝れた点はないであろう」。ザマはないのである。

　NHKの番組「歴史秘話ヒストリア」で「橋本左内と由利《ゆり》公正《きみまさ》～知られざる維新の天才たち」という回があった（二〇一八・九・十二）。福井県では現在、中学生たちは「啓発録」を学ぶらしい。みんな橋本左内の名を知っている。そして十五歳になったら、かれらが自らの生き方を一言で宣言する「立志式」が行われている。多分に形式的な部分があると思われるが（それはしかたがない。大人だってできはしない）、それでもいいことだと思う。いまの時代に「橋本左内」や「啓発録」の名前を知っているだけでも、どこがどうとはいえないが、いいことだ。

ちなみに、どうでもいいといえばどうでもいいことだが、番組では「啓発録」を紹介しながら、「その中味はまじめの一言」の余計なナレーション。あたりまえじゃないか。また「まじめすぎてちょっと付き合いにくそうに見える橋本左内ですが、じつは冗談やダジャレをよく口にする気さくな人でした」とも。相変わらずである。どうせどこぞの放送作家が書いたのだろうが、「まじめ」を小ばかにする世間に阿《おもね》っていて、気に食わない。まじめすぎて付き合いにくい？　どこがじゃ。そういう人間に会ったことあるのか？

「幸せな隣家見るとつらい」って？

社会や世間は価値を与え、流通させる。社会的価値は無責任である。根拠もいい加減である。ダイヤモンドなんか笑ってしまうほど無価値である。それを希少な石ころというだけで、破格の価値をつけたのは人間である。絵画が何十億円って、でたらめではないか。

社会的価値に汚染されるのはしかたがない。わたしたちはそのなかで生きているからである。流行、ファッション、食べ物、思考、言葉と、生活全般に及ぶ。そして、ほとんどの場合問題はない。だが汚染は汚染である。なにからなにまで、自分の人生をそれに隷従《れいじゅう》させるのはよしたほうがいい。そしてそのために、自分が苦しむようなことになるのなら、本末転倒だ。社会が作った価値のなかから、自分にとって意味のある価値とはなにか、を自分で選択しなければならない。基準は好きか嫌いかで決めるしかない。

わたしたちは無数にある社会的価値のなかから、自分の好き嫌いによって、この価値は自分に合わない、この価値は自分にとって意味がある、と選択する。なかには愚劣な価値も少なくないからである。そうやって選ばれた社会的価値は、自分的価値になったといっていい。ここを明確にできない者は、社会的価値に振り回されることになる。また「乗り鉄」「時刻表鉄」みたいに、完全に独自な価値を生み出す人もいる。

「毎日新聞」に、「幸せな隣家見るとつらい」と題する人生相談が載った。その全文を読んでいただこう。投稿者は五十二歳の女性である。

隣家の奥さんは私より10歳くらい年下で愛想がよく近所で評判です。ご主人も感じがよく大手企業勤務。共働きで、休日は子どもを連れて車で出かけています。私は独身で、30代で病気をして子どもを産めない体になりました。一人で生きる人生をこれでいいと思っていますが、隣人夫妻の絵に描いたような幸せを見るとつらく、自分は幸せでないと思います。人様の幸せを見て動揺しないようになりたいです。

回答者は『テルマエ・ロマエ』の原作者として、知られる漫画家のヤマザキマリである。相談者の隣家の奥さんは自分より「10歳」ほど若い。旦那は大手企業に勤め、子どももいて、休日は家族で車で出かける。それが羨ましい。おまけに夫婦とも人間的にもいい人で、近所で好かれている。もう、申し分なし。

しかし、この「絵に描いたような幸せ」は社会（世間）が作り上げた「幸せ」である。これはまさしく「絵に描いたような」もので、だからそれは〝絵空事〟なのである。しかしわたしたちはいつの間にか、その「絵空事」こそが「幸せ」だと刷り込まれているのである。そしてこれにも段階があるのだ。

まず最初は、恋人が欲しい、である。恋人ができると、そのあとに結婚が出てくる。結婚できたらもう「幸せ」、と思っていたのに、結婚できたらできたで、今度は子ども、そして次に持ち家、車、が控えている。そのつど段々と「幸せ」の階梯《かいてい》が上がり、ここまで来てはじめて、「絵に描いたような幸せ」のすごろくは上がり、となる。これに安定した生活（多くは、旦那の経済力）と健康が加われば、鬼に金棒となる。

隣の夫婦は「愛想がいい」「近所で評判」「主人も感じがいい」「大手企業勤務」「休日は家族でお出かけ」。それに比べ、五十歳を過ぎても自分は「独身」で、「子どもは産めない体」である。「一人の人生」で「いい」と思ってはいるが、その夫婦を見るとやはり「つらい」、どうしても自分は「幸せでないと思う」。もとより、これだけの情報で、なにかをいうことはほとんど不可能である（人生相談とはそんなものであるが）。

彼女が羨ましがっているのは、すべて社会的（世間的）価値である。つまり、社会（世間）で「幸せ」「成功」と評価されるものである。自分は「一人の人生」で「いい」と思っているというが、これも無理やりそう思い込もうとしているだけで、自分で考えて、わたしはひとりで問題ない、全然大丈夫だ、と腹の底から納得できているわけではない。

世間では、結婚は○（マル）、子どもも○、大手企業も○、車も○、家族でお出かけも○、かたや五十を過ぎて独身は×（バツ。でないにしても△）、子どもなしも、ひとりで生きることも×ないし△。自分で勝手に世間で作られた「幸せ」リストの星勘定をして、自分で自分を勝手に「不幸」に突き落としているのである。隣家は○がいっぱい、それに比べて自分は○がひとつもない、と、自分にないものばかりを数え上げて、それで自分は不幸でつらいとかいっているのだ。

嫉妬する人はヒマである

この相談者は、「隣人夫妻の絵に描いたような幸せを見るとつらく」といっているが、回答者のヤマザキマリがいうように、「うらやましさの対象となる人が本当に幸せかどうか、分かるすべはない」。自分で勝手に「脚色」しているだけなのかもしれない。夫婦の評判もいい、感じがいい、というのだって、ただふつうに笑顔で挨拶をする、程度のことくらいではないのか。相談者自身は感じが悪いのか。

それに、「つらい」ってなんだ？　実際、どうなるのか？　自分のすべてがみじめになり気分が重くて落ち込むということか。自分は不幸だと鬱々《うつうつ》とするということか。この人に親兄弟や友人はいないのか。楽しいことはなにもないのか。他にすることはないのか。ようするに、ヒマなのではないか。

こんなふつうの「幸せ」な家族なら、世界中に無数に存在する。それ以上に「幸せ」な家族もめずらしくあるまい。それとは反対に、こんな甘ったれた相談者とは比べようもないほどの、ほんとうに困難で厳しい家族や独身者もまた無数に存在する。

だがこの人は、そっちのほうの人間のことはどうでもいいのである。目に見えないのだから。とにかく羨ましいのは嫌でも目に見える隣家だけ。つまりこの人が生きているのは目に見える範囲だけの極小世界で、意識が及ぶ範囲も半径十メートル以内である。それで考え方も幼稚。そりゃあ行き詰まりますわね。

この人も頭では、他人と比較するな、そんなことをしても有害なだけで意味はない、ということはわかっているはずである。なのに、目が、脳が、隣家の「幸せ」を見たり感じたりすると、羨ましいという感情が起動されるのだろう。隣家の状況が否応なく目や耳に入ってくるのではない。自分が積極的に好きで見ているのだ。つまりヒマなのだ。

それを頭のなかで膨らませて、それに悩まされている。隣家ばかりを見ているようで、じつは自分自身だけを見ている。この人に必要なことは、自分から離れて、外に自分の意味を探すことだと思われる。大層なことでなくていい。なにか、無我夢中になれるもの。

ヤマザキマリは相談者にこのように助言している。「人と自分を比較したくなる意識を払拭するために、熱中できる何かを見つけ、個人的な幸福感を得ることです。じっとしていないで、旅に出るなど行動を起こしてみる。例えば海や山など大自然と向き合える場所で、シンプルに地球の広さや美しさを感じることは、隣の芝生を見て悩むより、ずっと良い心の栄養となるでしょう」

他人の幸せは「自分」には関係ない

わたしが思いつく方法もこれ以上のものはない。彼女は何度でも自分と隣家は関係がない、と自分にいうべきであろう。実際、なんの関係もないのだから。「幸せ」に見えたとしても、それも関係がない。「幸せ」かどうか、だれにもわからないのだから。事実、「幸せ」だったとしても、それもどうでもいいことだ。あなたにはまったく関係のないことだからである。無理に祝福することもない。

それよりも、ヤマザキがいうように、自分の意味（「熱中できる何か」）を探したほうがはるかに有益である。こんなことは他人にいわれるのではなく、本来は自分で、これでいいんだ、と思わなくてはいけない。「一人で生きる人生をこれでいいと思ってい」る、というが、それが誰かの意見のパクリでは脆弱である。

わかってはいるのだけど、というのは無理もない。五十年間、世間の価値のなかで生きてきたのだから、それが骨の髄まで刷り込まれている。しかし、世の中には世間的価値から離れて自立した生き方をしている人がこれまたたくさんいる。そういう人たちの生き方も見たほうがいい。

この人は自分に胸を張れるような、なにか高尚なことをするといいと思う。世間の俗にも負けないような、そして自分の俗をも上回るような、なにかの研究とか油絵を描くとか銅版画を習うとか、そういうもの。大層なことでなくていいと書いたが、自分に誇りと自信をもてるようななにか。体を動かすもの、あるいは、頭を使うもの（あるいは、無心になれるもの）。たとえば弓道をする、仏像を見る。美術館巡りをする。意味は無数に見つけられる。医者の「目薬」の代わりになるような、なにか。

ミシュランの星よりも自分の舌

七〇年代頃までは、ミシュラン（Michelin）の発音すらわからず、マスコミでは「ミケリン」とか「ミチェリン」などと呼んでいたくせに（ショーン・コネリーも最初はシーン・コネリーだった。もっとも、ミシュランのガイドブック自体がそれほど知られていなかった）、いまではミシュランで星ひとつでも取れば、なにがありがたいのかわからないが、文句なしの名店とされるようになり、人々も押し寄せる。高級店だけではなく、安価な店を対象としたビブグルマンも掲載されるようになった。

いつ頃から始まったのか調べる気がまったくしないが、いまやテレビは食べ物番組だらけである。アナウンサーかリポーターだか知らないが、若い女が料理店に行き、「食リポ」などと称して、脂が乗ってるだの、なにとなにが相まって絶妙の味だの、先に何味が来たかと思うと後から何味が来て、とか、ウソっぱちの似たり寄ったりの決まり文句をしゃべっているのである。ただの素人のくせして、なにがわかるというのだ。魚を食べればなんでもかんでも脂が乗っている、である。食リポの上手い下手などどうでもいいのである。どうせホントのことはいえないのだから。

一般の人間も、もう食べ物にしか興味がなくなったのか、うまいものを食べるためになら何時間かけてもその町に行く。三時間も四時間も並ぶ。「食べログ」なるサイトができて、食に関する権威となっている。そこには食通や評論家を気取る素人たちが、油が重いだの、店員の態度がよくないだの、段取りが悪いだのと、わざわざ投稿をしているのである(褒めているものも当然ある)。桜もいる。人々は損をしたくないから、事前に「食べログ」で調べて、予習をする。

もうこういうものは無視できない。自分だけの経験などまことに微々たるものでしかなく、人々の経験を参考にすれば、知らなかったモノやコトを知ることができる。たしかにこういうことはあらゆる分野にある。けれども、たいていのものは「たいしたことはありゃあせん」である。せいぜい、ふつうにうまい、程度である。人がおもしろいという映画や本はそれほどでもなく、うまいという食べ物もそれほどではない。

結局、自分の舌が一番である。臭豆腐と焼餅油條が最高だ、という人がいるように。もっと自分の判断に自信をもてばいい。もし評判のものを見過ごしても、見逃しても、食べそこなっても、それだけのことである。損した、などと考えないことだ。たかが食べ物ごときで、得したなどと思わないことである。まあ思ってもいいけど。

まがいものので手を打たない

愛情は代わりがないものである。こういう考えをする人はいまではほとんどいないのではないか。ここにエマからハリーへの手紙がある。とはいえ小説のなかの話で、エマがだれで、ハリーがだれかを説明するとなると、長くなるので省略する。花子と太郎でもかまわない。わたしはこの件《くだり》を読んだとき、わたしが思っていたことをそのままいわれたようで、驚いた。「マイ・ダーリン」とはいわないが。

「でも、マイ・ダーリン、あなたの妻になれる、そして、法によって結ばれる日がくるまで、離れ離れでいなくてはならないとわたしは心を決めました。だれであれほかの男性があなたに取って代わろうとしても、そう望むだけで無駄であり、まがいものので手を打つぐ

らいなら、わたしは必要とあれば独身を通します」（ジェフリー・アーチャー『時のみぞ知る（下）』新潮文庫、二〇一三）

わたしが思っていたこと、というのは、二十歳前後の頃、もし好きな女性ができなければ、わたしは一生独身でいく、と本気で考えていたことである。「必要とあれば」というのがわからないが、わたしは否応なくそのつもりだった。そう考えてみると、けっこう気持ちが楽になったことを覚えている。結局そうはならなかったのが申し訳ないが。

　いまでこそ「結婚」は、生涯のなかですべき必須のことではなくなっている。するかしないかは個人の自由という考えは、やっと市民権を得るようになっている。それでもまだ結婚への希求は大勢であり、その優位性は動かない。

しかしいずれにせよ、結婚をするのなら、十点満点の愛情で結婚すべきであろう。ところが結婚という形式を得るために、「こんなものかな」「悪い人じゃなさそうだし」といった愛情四か五点ほどの「まがいもので手を打つ」ようなことがあれば本末転倒である。「ひとりは嫌だ」というので、とりあえず「まがいもの」でもいいから恋人が欲しい、というのもおなじである。

そういうときに、乙川《おとかわ》優三郎の小説に出てくるような侍の娘のセリフかと思いきや、第二次世界大戦前夜の英国娘の「まがいものは嫌」との言葉である。選んでいるのは、カニカマや人工皮革や模造真珠や大豆の肉ではなく、結婚相手なのだ。ほんとうに好きな相手でなければ、一生「独身」でもいい、という潔《いさぎよ》さがほんとうである。

結婚など「まがいもので手を打つ」ことまでして、しなければならないものではない。それほどまでして手に入るのは、たかだか社会的安心感にすぎないが、その安心感にそれだけの価値があるのかは人それぞれだろう。わたしは社会的安心感などいらないのだった。だがいまでは、この英国娘のように、堅苦しく考える一途な男女は皆無だろう。

テレビやネットを信じない

毎日の生活において自分だけのルールを課すことは、生活にめりはりを与える。自分自身の決め事である。ドイツ文学者の池内紀《おさむ》はそれを「自分の憲法」だといっている。池内が七十歳になったとき、「七十七には世の中にはいない」という「予定」を立てた。ところが二〇一七年に、無事七十七歳を迎えてしまった。となったからには、しかたがない。そのあとは「満期が来たら三年単位で延長する」という「三年延長説」で生きていくことに決めた。「自分の憲法だから国会とちがって簡単に改定できるわけです」（『すごいトショリ

BOOK』毎日新聞出版、二〇一七)。憲法とは己を律する法律だ。

おもしろい考え方である。池内は、ある町のコミュニティセンターに「催し物の案内」が貼り出されているのを見た。「シニア元気集団」「老年会議所」「オールドメンズクラブ」「シニアワーク」「シニアボランティア」「シニアふれあい推進本部」といったさまざまなシニア団体の催し物の案内である。「僕はそれをメモしながら、元気なのはけっこうだけれども、言いにくいことながら、年寄り同士が集まってはしゃいでいるような感じがして、少しもの悲しい気持ちになりました」。いやいや、許してやりなさいよ。

これも池内の「憲法」のひとつなんだろう。群れないこと。「年を取っても群れることをやめられない」「群れるのをやめて一人ひとりが過去を背負い、一人ひとりが自分の老いを迎えるのが本来であって、群れて、集まって、はしゃいで、というのは老いの尊厳に対する侮蔑ではないか」

老いに「尊厳」などあるのか。イライラしている年寄りばかりではないか。わたしも群れるのは好きではないが、他人にもおやめなさいとはいわない。それはかれらの勝手である。「シニア元気集団」に「老年会議所」に「オールドメンズクラブ」か。きっと楽しいのだろうな。しかし、その楽しさが、わたしに楽しくないのだ、ということははっきりしている。

池内が老人に求めるのは自立である。「最近、自立していない老人が非常に多い気がします。朝から図書館にきて、イビキをかいて寝ていたり、公園のベンチで昼間からビールを飲んでいたり、奥さんに嫌がられながらくっついて回ったり。(略)老年者に自立をすすめたいのは、目にあまるからです」「自立のすすめとして、はじめに提案したいのは、『テレビと手を切りましょう』ということ」「テレビの持つあの非常に安っぽい情報、安っぽい娯楽、安っぽい教養、そういうものは一度、拒否してみていいんじゃないか」

群れない、ところまでは池内に共感するが、そのあとがちがう。池内の「憲法」はあくまでも池内のものである。すべてが他人に通用するものではない。テレビがばかであることは、わたしもそう思う。ワイドショーの司会者が「犯人はどうしてそんなことをしたんでしょう?」とばかなことをいい、現場のリポーターは内心「わかるかよ、犯人に訊けよ」と思うが、そうもいえず、スタジオのコメンテーターたちも本心は金輪際いえず、「どうしてなんでしょうねえ」と、大の大人たちがよってたかって慣れ合い、笑い合っている互助会ばかりで、「安っぽい情報、安っぽい娯楽」はそのとおりである。

ただ池内紀は本気でテレビを一から百まで見ていないから、いい番組も多くあるということがわからない。だがそれも見解のちがいだ。池内を納得させることはできない。ただ「自分に見捨てられ、言葉に見捨てられ、世間から見捨てられるというのが、老いの特性です。だから、その中で自分の知恵と工夫を発揮して、自分の世界を作っていくしかありません」というのはほんとうのことである。この言葉は老人ばかりではなく、どの世代どの年代にも通じることだ。もちろん、隣家の幸せを羨む五十二歳の女性にも必要だと思う。

「体を動かす現場」が好きだ

ＩＴ市場はいまや世界経済を牽引する。その代表的企業はＧＡＦＡ《ガーファア》と呼ばれる。Google、Apple、Facebook、Amazonである。Microsoftを含めてＧＡＦＭＡ《ガフマ》と呼ばれることもある。七、八〇年代の映画を見ると、パソコンも携帯電話も出てこない。刑事は誘拐犯によってあちこちの公衆電話に振り回され、駆けずり回る。電子メールも当然なく、出てくるのはファックスである。

百年前とはいわない。わたしが生まれ育った五、六十年前から見ても、あきらかに時代は変わり、生活も仕事の仕方も様変わりした。これらの登場により、生き方が変わった人もいるだろう。これからはＡＩの成熟によって世界の在り方が変わると予想され、そうなるとさらに多くの人の人生が影響を受けることになるだろう。どこまでほんとうか、またどの時期（何年後、何十年後？）になるのか知らないが、将来ＡＩに取って代わられ、消滅する職業もリストアップされている。まあ、いまのうちからおたおたすることはないと思うが、このＩＴ化の流れは行くところまで行くしかない。

五十年後の世界がどうなるか、まったく想像ができない。ＡＩは車の自動運転や世界の交通システムを管理するようになるだろう。犯罪予測や防止、宇宙軍事に応用される。まったく人間に似たリアルなロボットができるかもしれない。何十万か何百万円で売りに出されるだろう。他にも想像すらできないことが実現するかもしれない。だがＡＩは学校でのいじめをなくすことはできない。親の児童虐待をなくすこともできない。

体を動かす現場は、口では〝ご苦労さん〟といわれはするものの、いつもおざなりに扱われてきた。為替や株や投資や仮想通貨といった楽な手法であぶく銭を稼ぐのが、賢い人間として称賛される。楽な金儲けが賢いとされた。わたしは自分の考え方も生き方も変えるつもりはないので、いまでも現場で働く人間のほうが、内部留保を四百五十兆円も貯め込んで、のほほんとしている経営者よりも人間として上、と思っている。なにも生産しないフェイスブックなんかより、ユニクロのほうがよっぽど重要である。

わたしがITから恩恵を受けているのは、電子メール、インターネット、ユーチューブだけである。それだけ生活が楽になり、楽しくなったことはたしかである。携帯電話もフェイスブックもインスタグラムもツイッターもまったく不要である。なくなるとは考えられないが、これらがなくなっても全然困らない。インスタグラムやツイッターなどなくても、痛くも痒くもない。ついでに余計なことをいっておくと、クジラが食べられなくても（もう五十年以上食べていない）、まぐろが食べられなくなっても、全然困らない。

いまでは変人の部類に入るだろう。ただ生活のスタイルがちがうだけである。頑なに拒んでいるわけではない。拒んでいる自分を、どうだ、と反時代を気取っているわけでもない。わたしにとって興味があれば、または必要だと思えば、新規なものでも案外あっさりと受け入れる。けれど、みんながやっているから、とか、時代遅れにならないように、といった動機で、そういうものに飛びつくことはない。

不正解の人生

社会的価値はそれとして、できるだけ自分に合う価値を優先した人生を送りたい。どんな人生をよしとするか、人生はどんなものだと考えるか、という人生観は、結局は、どんな人間や仕事や生き方やモノや生活スタイルを価値とするかの価値観に帰する。なにも考えなければ、社会の支配的価値にしてやられるか、歯止めのない自我（利己）に自分も他人も巻き込まれるしかない。どんな生き方をするのか、は個人の自由だが、次のような人生は送りたくない。

○お金以上の価値を知らない人間は、それだけで不正解

お金以上の価値を自分で見出せなかった人間は、人間に生まれてきた価値がない。将来なにになりたいか、と訊かれた子どものなかに、「お金持ち」と答える子がいるのとおなじで、その人間は子どものままである。むやみに金を欲しがり、金に執着し、裕福であることを誇る人間の人生は貧困である。

だが、こういういい方にも弱点がある。なぜ子どものままではいけない？　だれにも迷惑がかかるわけでなし、といえるからである。「だれにも迷惑をかけていないではないか」という弁明に対して、なぜそれではだめなのかを説明する言葉はない。

○不機嫌で怒りっぽい人は、存在しなくていい

不機嫌な人は自分の人生を台無しにする。それだけでなく、周囲に毒をまき散らす。周囲の人間も不快にするのだ。これに怒りっぽさが加わると、手がつけられない。手をつけられないように、最初に怒ることで威圧しているのだ。そのような人間は不機嫌であることが唯一の自己表現だから、周囲に不機嫌であることを知らしめたい。何事も自分の思い通りにならないと、気が済まないのだからタチが悪い。

小池一夫は『人生の結論』のなかで、さすが八十二歳の年の功、「自分の機嫌は自分でとるのが大人の作法なのです」といっている。思わず、ハッとする。次に引用するのは、時代小説のなかの一場面である。凄腕の女剣士一ノ瀬真夏が、先輩同心の妻に新茶ご飯の作り方を教わる。

「作るところを見ます？」

「はい」

「真夏さんは、気持ちのいい返事をなさいますね。気持ちのいい返事をする人は幸せになる、といいますよ」

「まあ。本当ですか」
「本当です」

（長谷川卓『戻り舟同心　更待月』祥伝社文庫、二〇一二）

「本当です」がほんとうかどうか知らないが、不機嫌な人間は返事すらしない。したとしても不貞腐《ふてくさ》れている。なにをするにも、「よしやろう」「よし行こう」と声を出すとよい。心を紙風船のようにポン、ポンと上げるのだ。

「ブラタモリ」のなかで、その街の説明をする学校の先生かだれかが出てきて「そのことがよくわかる場所がありますので、そちらへ行きませんか」ということがよくある。そのときにタモリがかならずいう「行きましょ行きましょ！」が気持ちいい。紙風船ポンポンだ。大人である。

○他人を支配したがる者の人生は不可

不機嫌な者も、他人を支配したがる者も、他人に依存している。他人を不快にしたり、他人を支配下に置くことでしか、自分の人生が成立しないのである。他人の人生を横に置くことも上に置くことも知らず、下に巻き込む。どうしてそんな人間になるのか、わからない。他人を下に置かないと満足できないような自我になっているのだ。恋人であれ、親であれ、夫であれ、妻であれ、こういう人間を相手にもった人は、不幸である。とくにこういう親をもった子どもの場合はどうしようもない。

こういう人間は一見わからない。会社でもご近所でも、いい人間として通っていることが多い。「毎日新聞」に「夫は、私のことを家政婦、いや奴隷のごとく扱います」という投稿があった（二〇一九・二・十六）。「長野県、パート・30代」の女性からだが、その「夫」が外面《そとづら》がいいのか悪いのかはわからない。しかし、結婚前にそういう男だとわからなかったのかと思うが、わからないのである。「？」と思うことがあったとしても、理屈をつけて自分を騙し、無理やり呑み込んできたのだろう。

人格否定、子どもにも暴言、離婚を何回も考えた、言葉による虐待、監獄に入ってしまえばいい、とあるが、暴力はないようである（やっていることは暴力とおなじだが）。彼女は「すべてを私のせいにして、何かと怒鳴り散らすこの人を誰かが教育しなければならないと思います」と書いている。

この奥さんもちょっとおかしいのだが、このような夫はどうすればいいのか。よかれと思って選んだ人生なのに、なんでまたこんなめんどうくさい人生になってしまうのか。他方では、角野卓造や市村正親のような人生があるというのに。

○最悪は卑しい人生

損得だけを考える。できるだけ金は払わない。責任は負わない。いい逃れる。そのために屁理屈をいう。自分は正しいといい張る。他人に訴える。地位の高いものに擦り寄る。立場によっていうことを変える。平気でウソをつく。弱い者には威張る。これらのことが三つ、四つ集まるだけで卑しい人生ができる。ひとつでも少なくしたい。

第七章　生まれ変わっても、また自分になりたいか？

ライアン一等兵のつぶやき

スティーヴン・スピルバーグ監督の映画「プライベート・ライアン」の冒頭は、ひとりの老人が家族や孫たちを連れて墓参する場面から始まる。アメリカ映画でよく見るが、多くの白い十字架が整然と並ぶ広大な緑の墓地で、老人がひとつの墓の前にしゃがみ込み、泣く。トム・ハンクス演じるミラー大尉の墓だ。

老人は、ミラー中隊長らが命を懸けて救出したかつてのライアン一等兵である。墓前で記憶がさかのぼり、ノルマンディー上陸作戦に始まる戦闘場面を思い出す。ライアン三兄弟が従軍したが、兄弟ふたりが戦死する。母親から三兄弟を奪うわけにはいかないと、陸軍参謀総長はライアン一等兵（マット・デイモン）を本国に帰還させるよう命じる。アメリカはそういうことをやるのだ。そしてライアン一等兵は救出され、ミラー大尉の死とともに、映画は再び、墓地の前の現在に戻る。

老人は墓に向かい「わたしは今日まで人生に最善を尽くしてきました。あなたがして下さったこと、わたしがそれに報いていたら幸せです」と語りかける。そして傍らの妻に訊く。「わたしはいい人生を？（Tell me I have led a good life.）」「なに？（What?）」「わたしはいい人間かな？（Tell me I'm a good man.）」「もちろんよ（You are.）」

わたしはいい人生を送った、といってくれ。わたしはいい人間だった、といってくれ。わたしたちはだれかにいってもらいたい。わたしは、わたしを産み、育ててくれたことに、値するような人生を生きたのか。みんなそのように生きたと思いたい。もちろんよ、といってくれる人がいる人は、幸いである。いなければ、自分でいえるといいのだが。

大谷翔平や新垣結衣みたいになりたいか

よく（でもないが）「理想の上司」とか「理想の父親（母親）」といったアンケートがある。たとえば二〇一四年の父の日の「理想の父親」アンケートでは、一位池上彰、二位関根勤、三位所ジョージ、四位タモリとなっている。二〇一六年の母の日の「理想の母親」アンケートでは、一位北斗晶、二位森高千里、三位篠原涼子、四位上戸彩といった具合である。どうやら中高生の「理想」のようである。まあ半分お遊びみたいなもので、だれも本気で、ああいう芸能人が親だったらなあ、と考えているわけではあるまい。

では「理想の自分」なんてものはあるのか。わたしの漠然とした感覚では、日本の若者で、自分が嫌いという人は、多いのではないかという気がする。日本青少年研究所の「高校生の生活意識と留学に関する調査」（二〇一二年発表）によると、日本の高校生の「自分」に関する満足度は、「とても満足」四・八％、「まあ満足」三五・六％、「あまり満足でない」四二・一％、「不満足」一七・一％である。アメリカ、中国、韓国との比較でいえば、日本の高校生の「とても満足」＋「まあ満足」＝四〇・四％は最低である。ちなみにアメリカは八七・九％、中国は七四・三％、韓国は五三・四％である。

日本と韓国の満足度の低さは、内省が働いていて人間として「まじめ」という気がする。悪くいえば、自分に自信がない。それにこの「まじめさ」はひ弱な感じがする。朱に交わればすぐ赤くなりそうだ。アメリカと中国の高満足度は、自分にのぼせ上がっていて異常に見える。なにがあろうと、「自分が悪かった」とは絶対にいいそうにない。頭が悪そうである。リトル習近平、リトルトランプのようだ。

「なりたい自分」とはなにか。そういえば、「なりたい自分になる」といったタイトルの本が以前はよく売れていた。若い人のなかには、お気に入りの芸能人のヘアスタイルやらファッションを真似する人が多いらしい。テレビで見て、着ているものや身に付けているものを調べ出して手に入れるのである。若者だけではない。女性だけでもない。あれはなんだろう。自分もその人物みたいな「かっこいい」存在に近づきたいということか。

男ならだれに憧れるのか。だれでもいいが、仮に大谷翔平にしてみよう。かれはピッチングは超一流、バッティングも超一流、体格は世界クラス以上、顔もいい、という四拍子も揃った男である。さらに、性格も抜群によさそう、というのを加えれば、五拍子揃っている。なにしろ、メジャー行きをあと二年待てば、何百億円という大金を手にできたのに、大谷はそんなことを一顧だにすることなく、金じゃないといったのである。これがまだ二十歳そこそこの若者なのだ。「理想の自分」にはうってつけではないか。

わたしもまだ男のはしくれだから、もし大谷翔平のような人間に生まれ変わることができたなら、さぞおもしろいだろうな、とは思う。よくもこんな傑作が出てきたものだ。後生畏るべし、ということは実際あるんだね。本人が自分のことをどう思っているのかはわからない。案外なんとも思っていないという気がする。生まれたときから大谷翔平自身なのだから。

女の人の憧れの存在はだれがいいか。とりあえず新垣結衣にしてみよう。なにやら若い女の子に人気があるようだという単純な理由からだが、なりたい顔となりたい髪型の一位は北川景子だという話もある。当然、男女とも有名人の人気は分散している。大谷翔平や新垣結衣でなくてもよい。小栗旬、星野源、ムロツヨシとか。綾瀬はるか、長澤まさみ、小泉今日子とか。わたしに憧れの人はだれもいないが。

ようするに、こういうことである。井上陽水の歌ではないが、もし人生が二度あれば、あなたはいまの自分ではなく、べつの人間に生まれ変わりたいか、ということである。もしあなたに憧れの人がいたとして、そのような人に生まれ変わりたいか。あるいは、そのような人の人生を歩んでみたいか。つまり、もういまの自分は嫌か。自分が歩んできた人生はもう嫌か、ということである。逆にいえば、こうである。もし生まれ変わるとしたら、あなたはまた自分に生まれてきたいか。埒《らち》もない考えだが。

またおなじ父と母の子として生まれたい

わたしは、また自分に生まれ変わりたいか、それともべつの人間に生まれ変わりたいか。その前に、わたしはもう生まれ変わりたくない。敬愛する吉本隆明に倣《なら》って「もうごめんだ」といいたい。後悔はいくつもあるが、生まれ変わったとしても、またおなじ後悔をするだろうから、そのことも含めて、自分の人生は一回かぎりでお願いしたい。願わなくてもそうなるから、もうこれでよろしい。もうこれ以上はめんどうくさい。

わたしは、自分に嫌いなところはあったし、いまもある。そのつど、直してきた。直しきれていない部分もある。しかしこんな自分はだめだとは思わない。自分を見る客観性はもっているはずである。客観性の上に、さらに念を入れて客観性で見る。それでも他の男になることが想像できない。もう一度、いまの自分のままでいいよ、と思う。

わたしは生まれ変わるとしても、またおなじ父と母の子として生まれたいので、いまの自分になるしかないと思う。そしてまた日本人でいいよ。ただ欲をいえば、今度生まれるときは身長があと七センチ欲しいことと（そうすれば一八三センチ＝六フィートになる）、スティーブ・マックイーンのような小顔にしてもらいたいのと、もう少し気持ちを強くしてもらいたいこと、といったマイナーチェンジを希望する。

人生もまた、おなじような人生でいいか。それは芸のない話である。今度はべつの映画を見てみたいと思う。共演者も変わるだろうが、仮定の話もいい加減、このへんにしたほうがいいだろう。どっちにしても冒険映画やミステリー映画でなく、ましてや戦争映画や恋愛映画も望むところではないから、おなじような人生になるだろう。

有名人になりたいとは思わない。どこに行っても顔を知られている、なんてことはまっぴらである。無名で地味な人生でまったく文句はない。だれでも生きることができる正解の人生は、誠実に生きることである。一部の成功した人間か、資産を築いた人間か、有名になった人間の人生しか正解でないのなら、人生に意味はない。

毎日懸命に生きている人はそれだけで正解

サッカーの元日本代表だった加地亮《あきら》選手。三十九歳。二〇一七年、約二十年間のプロサッカー生活を終え、現在、妻が経営する大きな喫茶店の手伝いをしている。これまでは自分を支えてくれたので、今度は妻の仕事を支えていくことにしたのだと話す。
朝、一番に店に出るとまず便器掃除から始める。テレビスタッフに「抵抗はないか」と問われると、「まったくないですね、抵抗は」ときっぱり。「トイレ汚いと嫌じゃないですか。だからめっちゃ綺麗にします」「いや、生きていくための仕事ですね。やっぱ稼がないといけないし」（TBS「バース・デイ　日の丸を背負って戦った元日本代表戦士の現在」二〇一八・六・二十三）
まっとうに生きるとはこういうことである。サッカーの元日本代表であったとしても、引退すればふつうの人間である。そしてだれかがしなければならないのなら、トイレ掃除をするのはあたりまえである。そしてトイレが汚いのは嫌だから「めっちゃ綺麗に」する。なんの淀みもない。単純に素直なだけ。思考も行動も美しい。今後の具体的な目標みたいなものってありますか? と訊かれると、一瞬、そんなことは考えたこともなかったなというように「えー?」といい、「一日一日もう精一杯生きることだけ。もうそれだけです」といい切った。

この言葉が印象的だった。正解の人生の答えであるといっていい。まず自分で稼ぐこと。そして一日一日精一杯生きていくこと。まったく格好をつけない。自分のやっていることに自信をもっている。加地亮はそれが便所掃除であろうと、閉店後の店の掃除であろうと、生きるためには当然のことだと思っている。だれもがこのように考え、このように行動するなら、この社会はずっと暮らしよくなるのに、と思う。

そのように自信をもって、便所掃除に抵抗がないとか「めっちゃ綺麗に」するとかいえるのは、加地選手がすでに華々しい成功を収めたことがあるから余裕があるんだよ、といわれるかもしれない。IKKOの父親の場合に似ている。だが、それはちがうと思う。元々そのような人間なのだ。おれが便所掃除なんかできるか、といったくだらんプライドなどない人である。それに、大切なのは、過去よりも現在だということもわかっている。もちろん、サッカーの日本代表などほんの一握りの人が経験できる大変なことではあるが、もう終わったことだ。いまが大事なのだ。

人生の正解もへちまもない

弱ったね、「人生の正解」って、またなんちゅうテーマを選んだのだと、この原稿を書きあぐねていたとき、ある知人からメールをもらった。目が覚めた。

そこには五歳の女の子の死について書かれていて、わたしは心を衝《つ》かれた。病死や事故死ではない。二〇一八年三月、東京都目黒区で五歳の船戸結愛《ゆあ》ちゃんが父親に虐待死させられた事件があった。わたしはその事件を知っていたはずだが、もう意識のなかにはまったく残っていなかった。

しかしメールで教えてくれたT氏は、その事件を忘れていなかったのである。ずっと心に刻みつけていたのだろう。それだけではなく、かれの思考の原点に結愛ちゃんという女の子がいるのではないか。わたしは虚を衝かれ、恥じ入った。あらためて調べ直した。事件後、彼女が鉛筆で書いていたノートの一部が公表されていた。

もうパパとママにいわれなくてもしっかりとじぶんからきょうよりかもっともっとあしたはできるようにするから　もうおねがい　ゆるして　ゆるしてください　おねがいします　ほんとうにもうおなじことはしません　ゆるして　きのうぜんぜんできき

てなかったこと　これまでまいにちやってきたことをなおします　これまでどれだけあほみたいにあそんだか　あそぶってあほみたいなことやめるので　もうぜったいぜったいやらないからね　ぜったいぜったいやくそくします

結愛ちゃんの父親は三十三歳、彼女は二年ほど前から日常的に殴る蹴るの虐待を受けていた。以前住んでいた香川県では児童相談所に二度保護されたが、二〇一八年一月に東京に移転。母親は二十五歳。なにをしていたかわからないが、亭主の暴力を止められなかったのだろう。母親も起訴された。結愛ちゃんは母親の連れ子だった。この子にとっては、人生の正解もへちまもない。人生がほとんど始まってもいなかったのだ。

殴られても蹴られても、食事制限をされても、それでも「パパとママ」と呼んでいる。「きょうよりかもっともっとあしたはできるようにするから　もうおねがい　ゆるしてゆるしてください　おねがいします」。生まれてからまだ五年しか経っていないのに、こんな文章を書くようになろうとは。「ゆるしてください　おねがいします」が哀れである。この文章の悲しさはもうどうにもならない。おなじ自分に生まれ変わりたいかも、おなじ親のもとに生まれ変わりたいかも、へったくれもない。

全然関係がないのだが、二〇一八年九月、山本〝KID〟徳郁が亡くなった。四十一歳だった。かれの死を悼む言葉が友人や関係者から多数寄せられた。「若すぎる」「早すぎる」。よくいわれる言葉である。ほとんど紋切型の言葉になっているといってもいい。このようにいうほかない、ということもわかっている。それが社会や〝大人〟の習慣であり常識であり形式である。わたしも聞き流せばいいのである。

だが、どうにもなじめない。聞き流すことができずに、ひっかかってしまう。そのような死に接したとき、わたしはこれらの言葉をいうことができない。わたしは素直でないから、若すぎたからどうした、早すぎたからなんだ、と思ってしまうのだ。いうまでもないことだが、山本〝KID〟徳郁の死について いっているのではない。一歳、五歳、十歳、十八歳の死にどういえばいいのだ。

二〇一四年、新潟県燕市で、三歳の娘をもった二十四歳のシングルマザーは、同居した男に娘を嫌われ、手放すしかないと思いつめ、橋の上から川に娘を落とした。手を放す直前、娘はニコッと笑い「バイバイ」といったという。これは母親の自供によるものだろうが、事実かどうかわからない。この女性も哀れだ。

人間はこの問題を解決できない

そしてまた今年二〇一九年の一月、千葉県野田市で十歳（小四）の栗原心愛《みあ》ちゃんが、四十一歳の父親によって折檻《せっかん》死させられた事件があった。この父親がまた大した男で、自分が助かるために、娘に児童相談所に宛てたウソの手紙を書かせた。まるで子ども騙しの手口なのだが、学校も児童相談所も彼女を見殺しにした。

テレビニュースは決まり文句で、救えなかったのか？　というが、救えなかったのである。救えなかったから事件になったのである。安倍晋三首相は国会で「児童虐待の根絶に向けて総力を挙げる」と答弁した。ぜひそう願いたいが、その場しのぎの、なんにも考えていない軽い言葉だ。

もしやるとしたら、虐待疑惑のある親は片っ端から監獄にぶち込むしかないが、そんなことはできはしない。「やってない」と言い訳しても「おまえはやったんだよ」と聞く耳をもたず、「あれはしつけだったんだ」とごまかしても「しつけられるのはおまえだ」と有無をいわせずぶち込むしかない。いじめ自殺もおなじである。人間はこれらのことを解決できない。これからもおなじことは何度でも繰り返される。

鬼畜と呼ぶほかないような人間がいる。そんな弁護の余地のない極悪人にも弁護士がつく。そんな人間にも基本的人権があるから、というのだ。もちろん、この権利が認められることが、認められない場合より、圧倒的に人類にとっていいことは明白である。だが他人の人権を否定した人間の人権は認められない、とすべきではないか。基本的人権といえど、人間が作ったものである。憲法や法律とおなじだ。絶対不可侵のものではない。

そんなものより、AIをさらに進化させて、AIに法律を作ってもらい、AIに裁いてもらったほうがよほどいい、とさえ思う。AIには保身も余計な忖度《そんたく》も感情もないからだ。だがそもそもAIに与えるパラメーターも人間が設定するものだからなあ。それに人間自体が絡む問題はAIの苦手な分野だ。

もうなにもわからない

もうわたしにはなにがなんだかわかりません。五歳の女の子の死なんてどうでもいいということか。どうでもいいことではないが、どうすることもできないということか。人間は大昔から、世界中で、こういうことは無数にやってきたし、いまでもやっている。これからだってやる。アジア・アフリカでは桁違いの数の子どもが死んでいる。それに、おまえだって知人からメールが来るまでは忘れていたではないか。それをいまさら、なにをひとりで深刻ぶっているのだ？

いや、そんなことはわかっている。わたしもばかじゃない。人間は一方でそういう事実に知らんぷりをしておきながら、他方では、池に落ちた子どもや、川に落ちた犬や馬を数人がかりで救出して、それを見守っていた観衆は拍手をする。それはそれで美談ではある。しかし、ちぐはぐなことに変わりない。目の前のひとつの命には力を尽くすが、目に見えない遠い世界の数万、数十万の命はほったらかしである。

テレビのばかワイドショーは、これら少女の死も「深掘り」し「専門家とともに徹底的に解説」する。司会者とコメンテーターは数日間そのことで盛り上がり、今日の「番組」が終われば、「事件」も終わりだ。それで司会者は年に数億円の報酬を得る（たぶん）。いいも悪いもない。世の中にはばかばかしいことが定着している。そんなことで動いている。現場から遠いところにいる者が涼しい顔をして富み、現場の先端にいる者が汗をかいて貧にあえぐ。それが世の中の仕組みである。テレビは「番組」を作るだけ。事件は次から次へと起こる。

ほんとうのことをいえば、こういう事件のことは書きたくない。どうすることもできないからである。こうすれば少女を助けることができたかもしれない、という議論は興味がない。結局助けられなかったのだから。いや、今後のためにも、そのことを考えるのは悪いことではない。だがそれがどこまで役立つのか。人間は決して学ばないし、進歩もしない。一回ごと、そのつど対処するしかない。

まったくわからないのは、なぜ子どもを虐待して平気な、鬼畜みたいな人間ができるのかということだ。相手は五歳や十歳の子どもである。しかも自分の子どもである、と書きたくなるが、小さな子どもか、自分の子どもであるかは関係ない。女性相手でも、立場の弱い人間相手でも、ふつうにまっとうに生きている人間に対して、暴力で支配しようとする人間がどうしたら出来上がるのか。ようするに「人間」のことだ。

自我の病気か、サイコパスか。そういう人間にならないようにできる方法があるのならいいが、あるまい。そういう人間を作らない方法、そういう人間にならない方法があるなら知りたい。あるいはそうなった人間を矯正することができる方法があるなら知りたい。人生の正解などどうでもいいから、そういう方法があるのなら、それをぜひ書きたいものである。だがそんなものはない。人間は三億四千万キロメートル先の小惑星に探査機を着地させることはできても、いまだにいじめひとつ解決できないのだ。

こういう事件のあとには、なにをいっても空しい。人生に正解があるか、など戯言《たわごと》にすぎない。資産十億円があるよも、美女四千人とやったよも、牛丼店でばかやっちゃって動画投稿しちゃったよも、じつにくっだらん。結愛ちゃんにすべての大人を代表し、すべての人間を代表して「ごめんな」と謝るのも無意味。生まれてこなかったほうがしあわせだったね、というのも無意味。このような事件を未然に防げず、鬼畜の父親に弁護士がつき、裁判所で真に裁くことができない法治主義もただただ情けない。

わたしが、このような事件が起きるたびに感じる、解決のつかない怒りや不快や哀れさから解放されるのは、事件を忘れることによってである。もやもやは解決されるのではなく、消失するのである。それが、忘れ去ることによって、というのが情けない。しかし事実である。それなくしては発狂してしまうだろう。

結局、また自分に還ってくるしかない。そして自分ひとりの人生を最後までまじめに生きるほかない。

世界が崩壊しても、わたしは困らない

元軍警察捜査官のジャック・リーチャー。初老だが、クリント・イーストウッドのような巨漢で、独立不羈《ふき》の男。土地土地で短期の仕事をしながらアメリカを旅する。元上司の

将軍の依頼でスナイパーのジョン・コットを追う。若いＣＩＡ女性諜報員のケーシー・ナイスとともに、ロンドンに飛ぶ。その直前のふたりの会話。

「コンピュータでそれを無効にすることもできる。あなたは空港で逮捕されるわ」
「かってにすればいい」わたしは言った。「わたしの知ったことじゃないよ。おそかれはやかれコットは家に戻ってくるだろう。そうしたら、わたしは彼をつかまえる。世の中が麻痺しようと、市場が崩壊しようと、景気が後退しようと、人びとが飢えようと、戦争がはじまろうと、全世界が瓦解しようとな。なにがどうなっても、わたしはちっともこまらない。わたしは自分の面倒を見ることができる。有価証券を山ほどもっているわけじゃないが」
彼女はなにも言わなかった。

（リー・チャイルド『パーソナル（上）』講談社文庫、二〇一六）

自分のなすべきことは、世界がどうなろうと、する。また世界がどうなろうと、自分で自分の面倒を見ることができる。他人が自分を逮捕しようとすることを止めることはできない。だからそんなことは「知ったこと」ではないし、もしそのときになったら、その場で対処するだけだ。世界は天が墜ちてくるような恐怖と、天が裂けるような悲しみに満ちている。それはもうどうしようもない。

「人びとが飢えようと、戦争がはじまろうと、全世界が瓦解しようと」「わたしはちっともこまらない」。この社会で生きていくためには、これくらいの図太さは必要かもしれない。しかし幼い子の死に心をつかまれることと、「わたしはちっともこまらない」は矛盾しない。この図太さは無神経であってはならず、「わたしの知ったことじゃないよ」のなかに、幼い子の死は入っていない。

たかが小説の主人公である。しかし、作家のリー・チャイルドは、こういう男がいればいい、と理想の男を描いた。作家自身はそういう男ではないかもしれないが、そういう志向をもち、リーチャーの性格と生き方の幾分かは作家自身のものでもあるのだろう。現実世界のどこかに、あるいは歴史のなかに、こういう男がいる（いた）かもしれない。そういう意味では、ジャック・リーチャーは実在の男であるといっていい。公平な目をもち、自分の力だけを頼りに、最後まで自分の面倒を見ることができる男。

あるとき、ナイスがリーチャーに訊く。「（エリザベス）女王に会いたくないんですか？」「べつに会いたくないね。女王だってただの人だ。わたしたちはみんな平等だ。彼

女がわたしに会うことに興味を示したことでもあるのか？」(同書)

もし理想の自分とか、憧れる人間がいるとするなら、こういう内面の人間にしたほうがいい。容貌や地位に憧れてもしかたがない。みんな「ただの人」だからである。若い人はしかたがない。有名人に会って感激のあまり泣き出す女の子がいてもしかたない。ほんとうのことをいえばしかたなくはないのだが、まだ許せる。ただ有名人に会って、「生きてよかった」と大はしゃぎするおばさんはいただけない。いい年をして「あの人はオーラがあるよ」なんていっている人間はまるでだめである。

社会的地位はそのまま認めて、それなりに敬意を払えばよい。人間は自尊心の生き物だから、そこまで否定しても意味はない。以前、作家の田中康夫が長野県知事に当選し、役所の挨拶回りをしたとき、田中が差し出した名刺を目の前で折り曲げた中年職員がいた。田中は冷静な対応をしたが、ばかな職員だった。社会的地位は尊敬しなくてもいいが、小ばかにすることもない。ふつうに接すればいいだけである。

自分で自分の面倒を見ることができる、とは、自分が決め、自分でその結果をすべて負うことができる、ということである。鶴見俊輔はそれを、自分の尻の上に座る、と表現している。権力の上に座ったり、無責任や差別や不正の上に座るのではない。つまり他人の尻の上には座らない。自分の尻の上に座るためには、自分の言動によほどの自信がなければならない。人間の理性と、それに則った自分の掟がしっかりしていなければならない。それを枉《ま》げることは、人間の恥であり自分の恥である。

自分の尻の上に座る

鶴見俊輔は日高六郎との対談で、京都の老舗パン屋進々堂（現存する）の二代目店主である續木《つづき》満邦という人の体験談を紹介している。續木氏は太平洋戦争に招集されたあと、二等兵として中国に送られた。二か月後、林のなかの木に縛られたスパイを明日銃剣で突き刺せという命令を受ける。

刺突訓練というやつであろう。戦地の一部では、新兵に度胸をつけさせるという名目で、捕虜を銃剣で刺し殺す訓練を強制した。續木氏は「その晩、眠れないでベッドの上で考えた。逃げようかどうしようか。そして、明けがたになってようやく決断したんです。現場には行く、しかし、殺さないと」。

朝になって林のなかに行くと、木にスパイが縛りつけられている。しかし、実はスパイだかどうかわかりゃしない。裁判も何もないんだから。小隊長が「突け」という命令を出した。しかし、續木氏は動かなかった。「續木、なんだ！」って、名指しされたけれども、それでも動かなかった。そうすると小隊長が自分から寄ってきて、銃剣をとって尻をポカンと殴った。そして、兵営に帰ってから「おまえは犬にも劣るやつだ。軍靴をくわえて四つんばいで歩け」というわけで、兵営の庭を歩かされたんだそうです。人を殺さなかった續木氏を犬にも劣るやつだというセンスが実におもしろいんだけどね。

（「マルとバツの中間」『戦争とは何だろうか　鶴見俊輔座談』晶文社、一九九六）

銃剣で尻を「ポカン」と殴られたとあるが、そんなのどかな制裁ではない。現実の空気が凍るような制裁だったはずだ。少なくとも、往復びんたを何発も食らい、銃剣（？）の台尻で尻を力任せに何発も殴られたはずである。罵声を浴びせられながら、犬のように四つん這《ば》いで歩かされることもこの上ない屈辱である。

しかし續木氏はそれに耐えた。このような罰は「殺さない」と決めたときから、覚悟していたはずである。だが生半可な覚悟ではない。「日本人のなかにはそういう人がいるんだね。戦中にも、ある種の民主主義、権力の命令に対する抵抗はあるんですよ。そういう人は自分の尻の上に座っていた人で、精神の現象学とは関係ないんです」

續木氏は自分を放棄していたのだろうか。ほとんど稀有な人、稀有な反抗といっていい。ふつうはありえないことである。たしかに日本人のなかにも「そういう人」はいるだろうが、それ以上に、人を平気で殴り、罵倒し、いたぶって喜ぶやつのほうがはるかに多い。戦時中、上官に抵抗することは、天皇に抵抗することとおなじだと見做された。半殺しにされても文句はいえない。

鶴見はこの話によほど感銘を受けたのだろう、『戦争とは何だろうか』のなかでこのエピソードを三回も話している。續木氏が取った行動は鶴見のいう「態度」の、これ以上ない見事な実例である。自分の尻の上に座る、とは聞きなれない言葉だが、もしかしたら英語にそのようないい方があるのかもしれない。他人の尻の上に座る無神経な日本人がいかに多いか、ということをいいたいのだろう。

鶴見俊輔自身も海軍軍属としてインドネシアで勤務したとき、もしそのような状況に至れば、その前に自殺しようと、睡眠薬をつねに持ち歩いていた。当時、鶴見は二十二、三歳の青年だったが、かれの「態度」はそのような経験に裏打ちされていたのである。

元の無に還るだけ

悠久の時の流れのなかのある一点、わたしの場合でいえば一九四七年七月十八日の、何時何分かはわからないがまさにその時刻、わたしはこの世界に出現した。キリストの生誕みたいにいっているが、現在地球上に存在している人はみんなおなじである。それまではまったく無だったものが、突如、有として出現したのである。まさに奇跡的なことであり、誕生した日は祝福されて当然である。

そしてふつうにいけば、数十年間この世界にとどまる。数十年とはいえ、悠久の時間からすればほんの一瞬である。人生五十年もいま流行の「人生100年」も、束の間であることに変わりない。しかしそのときが来れば、また元の無に還ってゆく。今度は永遠の無。再び有になることはない。これが悲しい。無ってなんなのだ?

そのときが来れば、嫌でもこの世を去らなければならない。親に愛されないこと。好きなのに結ばれないこと。死にたくないのに死ななければならないこと。人間の悲しみはこの三つに尽きる。生まれるときは、自分の意思とは関係ないところで生まれ、死ぬときは、自分の意思に反して死ななければならない。人間にとって最大の理不尽である。しかしこれは人類の運命である。せめて歴史に名前を残そうとする者が出る。

人は死ぬ。その家族（や知人）の間で、人は記憶として生きる。息子や娘の世代だ。しかし、その家族もやがて死ぬ。ここでほとんど、その人の記憶は絶える。たとえ孫の世代にまでその人の記憶が引き継がれたとしても、その世代もいずれ死ぬ。せいぜい三代、人の記憶がつづけばましなほうである。

人が生きた痕跡も記憶もなくなっていい。生きている間に、その人なりの生きる意味が見つかればいい。植島啓司はこのようにいっている。「本当の意味での幸せとは、お金で集めた人たちと贅沢な料理に囲まれて高いシャンパンを飲むことではなく、愛するパートナーとこの世でただ二人だけのかけがえのない経験をすることではないかと思う」（『生きるチカラ』集英社新書、二〇一〇）

これはほんとうのことだと思う。「本当の意味での幸せ」という表現が難しいが、たしかに、愛する人とともに生きていくことはだれもが望む「幸せ」のひとつである。しかしオフコースの歌「老人のつぶやき」のように（第一章でも触れたが）、愛する者同士が結ばれない場合はめずらしくない。

希望もあったが結局は失望に終わる。男か女のどちらかが先に死ぬ。残ったほうは、あの人はもう死んだのだろうか？　と思う。残ったほうも死んで、はじめて不安も哀しみも苦しみも消える。結ばれたふたりでも事情はおなじだ。先に逝く者も後から逝く者も、心のつらさが癒えることはない。ふたりとも死んで、愛が終わる。ほとんどの問題は解決しない。問題そのものが消えるだけである。

生きる時間はほんの一閃《いっせん》。人間の歴史のなかでほとんど無に近い一瞬。また元の無に還る。死とは、寝ている時間が永遠につづくようなものだ、といわれることがあるが、まるでちがう。この地上でその人の占める空間が消滅するのである。そのことの意味がわからない。だがそんなことを考えてもしようがない。まだわたしたちはいま現在を生きている。そうである以上、いまを生きればよい。

こういう生き方が好きだ

まだ生きている。毎日毎日、周りには総天然色の風景が広がる。なんでもない風景。それだけでしあわせな気分になる。ふつうに歩き、食べ、見て、しゃべるだけで、気持ちが春の海のように静かになる。ことさらに「人生を楽しむ」という必要はない。「楽しまなければ」という強迫はさらにない。

何気ない日々、なんの変哲もない日々を、いかに機嫌よく過ごすことができるかが大切である。人生のほとんどの日はそういう日々だからである。人との関係もまた、仕事や会話やちょっとした行動において、些事《さじ》を大切にすることである。できるようになることなら努力をすればいい。できないことはあきらめるしかない。ジャンプする距離は伸ばせても、身長は伸ばすことができないのだ。それが日々生きるということ、日々の基本、人生の基本である。

人助けをしたり、暴漢を退治したり、ブラック企業の不正に立ち向かうような英雄的行為や、一大プロジェクトを率いるリーダーシップや、満座を爆笑させるようなユーモアも、もしできるのであれば、できるに越したことはない。しかしそれらのことはいわば非日常である(爆笑はちがうが)。もちろん、そういうことも現実に生じうる。しかしそれでも、まず些事に対するまじめさが必要である。

中島みゆきに「命の別名」という歌がある。知的障碍者をテーマとしたテレビドラマ「聖者の行進」の主題歌として作られた。その一節にはこう書かれている。

何かの足しにもなれずに生きて
何にもなれずに消えてゆく

僕がいることを喜ぶ人がどこかにいてほしい

とくに有益なことができるわけでもなく、人に評価されるような者にもなれないが、それでもわたしの存在を喜んでくれる人がいてほしい。ふつうの人の願いだといってよい。わたしも若いとき「僕がいることを喜ぶ人」（この場合、女子）が、ひとりはいてほしいと思ったことがある。で、ここがわたしの欲のないところだが、というか自分がわかっていたというか、まあひとりもいないかもしれないな、と思ったのである。

だからといって不貞腐れたのではない。わたしのことなんかどうでもいいが、わたしはふつうの人を「喜ぶ人」ではあった。わたしは弱い人が好きであり、ふつうの人生が好きだった。わたしが弱く、わたしがふつうだったからである。わたしは人生の正解とか不正解だとか考えたことはなかった。しかしわたしの人生を振り返ったとき、どこからどう見ても、ふつうの人生であった。できればそれに、まっとうな、と付けたい。

あとがき

この原稿の下書きがほぼ終わりかけた二〇一八年（平成三十年）の十月十二日（金）、突如、右半身が麻痺するという事態に見舞われた。わたしは常々、自分の身の上になにが起きてもおかしくはないと思っている。病気であろうと、事故であろうと、事件であろうと。しかし、それはやはり甘かった。それでもわたしは大丈夫だろうと思っていたからである。それが来た。

その日、わたしの住む町に幻冬舎とはべつの編集者とライターの人が来られ、わたしを含めて三人とも喫煙者ということで「こりゃやめずらしいね」となった。ひとしきり話をして、自転車で帰宅したのが夕方の四時頃だったか。服を着替えようとして、突然バランスを失って崩れ落ちたのである。右脚、右腕にまったく力が入らない。しばらくすると、徐々に感覚が戻ってきた。が、こんなことははじめてである。

気になって、パソコンですぐ調べてみた。「右半身麻痺」と入れると、いきなり「脳梗塞」と出た。脳梗塞？　長嶋茂雄氏の、右手はポケットに入れ、片足は不自由そうで、言葉も不明瞭なあれのことか？　まずいではないか、と思った。しかも、そこには、症状が出たときは、四時間とか六時間以内に救急車を呼んで、できるだけ早く病院に行くこと、とある（タクシーで行くと、緊急性がないと判断されて後回しにされかねない）。

だが、いま自分の身に起きたことがその〝症状〟なのかどうかがわからない。もう治っているし。それに救急車って、とつい躊躇《ちゆうちよ》してしまう。様子を見ているともう完全に回復し、全然問題はない。やっぱり一回性の麻痺だったのだな、と思っていたら、一回目の発作から六時間後の午後十時に再発。

ん？　ほんものなのか？　どうする？　それでもまだグズつき、優柔不断で決めかねていると、午前一時に三度目の麻痺。ろれつもおかしくなっている。ここで意を決して救急車を呼んだ。「サイレンは鳴らさないように」と頼んでみると「旦那さん、救急車はそういうわけにいかないの」とたしなめられる。思わず笑う。救急車が到着した。隊員が病院を探し、二軒目の病院が受け入れてくれ、急行した。

救急車のなかで一度、病院での問診中に一度、麻痺症状が出る。そのたびに、どんどん悪くなり、ぶざまになる。ＣＴとＭＲＩを撮り、そのまま入院。土曜の午前四時。一気に入院患者になる。まさに事態は「突然」生じる。十二時間前までは、これらの一切はまったく生じていなかったのである。まったく平和な日だったのだ。

幸い、甚大な後遺症は残らなかった。わたしは入院して以来、病気のことはなにもわからずに、ただただ早く退院することだけを願った。が、点滴チューブをつけたままの入院生活にはいつの間にか慣れた。味の薄い高血圧食にも、そういうものだと思えば、それほど不満はなかった。結局、十二日間の入院だったが、これが早いのかそれともふつうだったのか、わからない。

わたしが入ったのはSCU（Stroke Care Unit）という脳卒中病棟だったが、若い看護師たちは、感心するほどよく働いた。なかには七十、八十代の男性患者相手にタメ口を利く二十歳そこそこの娘がいて、「おまえはじいさんのカミさんか？」と、わたしはカーテンのこちら側で笑っていた。ふたりの若い理学療法士と作業療法士にも世話になった。楽しいリハビリだった。

脳梗塞の解説サイトには、原因は揚げ物好き、喫煙、運動不足、過剰な塩分摂取、大量飲酒などが挙げられている。飲酒以外、すべて心当たりがあるが、この病気のまずいところは再発しやすいことである。下手をすると寝たきりになる。いつの間にか、高血圧体質になっていたのだ。治っても、楽しみがなくなるが、しかたないことである。一回症状が出たことは、なかったことにできないのである。食生活も生活習慣も変えざるをえない。生きることが大切だからである。わたしは、好きに生きるぜ、そのあとについてくる人生は風まかせだ、というように豪快ぶることはしない。

フリーライターの川嶋光氏は、やはり脳梗塞で救急車を呼んだ。救急隊員と妻との会話を聞きながら、かれは「もう駄目なんだろうなぁ、この世とおさらばか」と、考えていた。『浅学菲才《ひさい》のオレにしては、いい人生だった。友人、知人に恵まれたのが大きいし、妻子にも恵まれた』などと、わずかな時間の中で、人生を振り返ったりもした」（川嶋光『お父さんが倒れました――脳梗塞　わが家の闘病記』プレジデント社、二〇〇五）

わたしは入院中、一度も「人生を振り返ったり」などしなかった。CTやMRIのなかに入っているときも、「死」ということは一回も頭をよぎることはなかった。『人生の正解』という本を書いていたのもなにかの縁である。わたしは今度の入院を幸運なことだと考えるべきなのだろう。あのとき、朝になるまで待つか、まあ大丈夫だろうなと家で寝ていたら、少なくともなんらかの重い後遺症が残っただろうと推察される。下手をしたら、寝たきりになっていたかもしれない。

残念だったのは、タバコが喫《す》えなくなったことだ。ところが、意外なことに簡単にやめられたのである。もう喫わない。再発して、寝たきりになりたくはないからである。しかし、完全に脱したわけではない。喫茶店に入ったとき、食事が終わったとき、電車を降りたとき、病院から出てきたとき、歩いたあとにベンチに座ったとき、などの「間」が空いたときに、まだ脳のなかで一瞬、指がタバコを探し、咥《くわ》えようとするのである。ああ、このときの一服！　と記憶が蘇るのである。

本書はそんなこともあって（なかったとしても）、じつに難儀した。身の程知らずにも、「人生の正解」という大それたテーマを選んだことをほとんど後悔した。それをなんとかここまで書くことができたのは、幻冬舎編集本部の四本恭子さんのおかげである。何回も延び延びにした原稿を、なにもいわずに待っていただいた。貴重な助言ももらった。第七章の章題は四本さんの発案である。心より感謝申し上げる。

二〇一九年（平成三十一年）三月

勢古浩爾

著者略歴

勢古浩爾《せこ こうじ》

一九四七年大分県生まれ。
明治大学政治経済学部卒業。
洋書輸入会社に三十四年間勤務ののち、二〇〇六年末に退職。
市井の人間が生きていくなかで本当に意味のある言葉、
心の芯に響く言葉を思考し、表現しつづけている。
一九八八年、第七回毎日二十一世紀賞受賞。
『結論で読む人生論』『定年後のリアル』（ともに草思社）、
『わたしを認めよ！』（洋泉社）、『ひとりぼっちの辞典』（清流出版）、
『思想なんかいらない生活』『会社員の父から息子へ』
『最後の吉本隆明』（すべて筑摩書房）、
『定年バカ』（SBクリエイティブ）など著書多数。

幻冬舎新書 556

人生の正解

二〇一九年五月三十日 第一刷発行

著者 勢古浩爾
発行人 志儀保博
編集人 小木田順子
発行所 株式会社 幻冬舎
〒一五一−〇〇五一 東京都渋谷区千駄ヶ谷四−九−七
電話 〇三−五四一一−六二一一(編集)
〇三−五四一一−六二二二(営業)
振替 〇〇一二〇−八−七六七六四三
ブックデザイン 鈴木成一デザイン室
印刷・製本所 中央精版印刷株式会社

Printed in Japan ISBN978-4-344-98558-2 C0295
せ-3-1

幻冬舎ホームページアドレス https://www.gentosha.co.jp/
*この本に関するご意見・ご感想をメールでお寄せいただく場合は、comment@gentosha.co.jp まで。

五木寛之
人生の目的

人生は思うにままならぬもの。お金も家族も健康も、支えにもなるが苦悩にもなる。ならば何のために生きるのか。時代は変わるがラクではない暮らしが続く今、ひそかに甦る感動の名著。

浅羽通明
『君たちはどう生きるか』集中講義
こう読めば100倍おもしろい

マンガ版『君たちは…』がつまらないのは、原作の凄みを全て削ぎ落としてしまったからだ。説教臭い古典が、現代にも通じる諸問題を初恋物語に包んで訴えるエンタテイメント小説として甦る。

小浜逸郎
死にたくないが、生きたくもない。

死ぬまであと二十年。僕ら団塊の世代を早く「老人」と認めてくれ——「生涯現役」「アンチエイジング」など「老い」をめぐる時代の空気への違和感を吐露しつつ問う、枯れるように死んでいくための哲学。

林成之
脳に悪い7つの習慣

脳は気持ちや生活習慣でその働きがよくも悪くもなる。この事実を知らないばかりに脳力を後退させるのはもったいない。悪い習慣をやめ、頭の働きをよくする方法を、脳のしくみからわかりやすく解説。

幻冬舎新書

曽野綾子
人間にとって成熟とは何か

年を取る度に人生がおもしろくなる人と不平不満だけが募る人がいる。両者の違いは何か。「憎む相手からも人は学べる」「諦めることも一つの成熟」等々、後悔しない生き方のヒントが得られる一冊。

曽野綾子
人間の分際《ぶんざい》

ほとんどすべてのことに努力でなしうる限度があり、人間はその分際(身の程)を心得ない限り、到底幸福には暮らせない。作家として六十年以上、世の中をみつめてきた著者の知恵を凝縮した一冊。

曽野綾子
老いの僥倖《ぎょうこう》

年を取ることに喜びを感じる人は稀である。しかし「晩年にこそ、僥倖(思いがけない幸い)が詰まっている」と著者は言う。知らないともったいない、老年を充実させる秘訣が満載の一冊。

曽野綾子
人間にとって病いとは何か

病気知らずの長寿が必ずしもいいとは限らない。なぜなら人間は治らない病いを抱えることで命をかけて成熟に向かうことができるからだ。病気に振り回されず充実した一生を送るヒントが満載。

幻冬舎新書

下重暁子
家族という病

家族がらみの事件やトラブルを挙げればキリがない。それなのになぜ、日本で「家族」は美化されるのか。家族の実態をえぐりつつ、「家族とは何か」を提起する一冊。

下重暁子
家族という病2

家族のしがらみや囚われの多い日本の実態を一刀両断しつつも、家族という病を克服し、より充実した人生を送るヒントを示唆。60万部突破のベストセラー『家族という病』、待望の第2弾。

下重暁子
極上の孤独

孤独のイメージはよくない。しかし孤独な人は、一人のほうが何倍も愉しく充実しているから敢えて選んでいるのであり、成熟した人間だけが到達できる境地でもある。孤独の効用が満載の一冊。

中村仁一
大往生したけりゃ医療とかかわるな
「自然死」のすすめ

数百例の「自然死」を見届けてきた現役医師である著者の持論は、「死ぬのはがんに限る。ただし治療はせずに」。自分の死に時を自分で決めることを提案した画期的な書。